朝日新書
Asahi Shinsho 313

「怒り」のマネジメント術

できる人ほどイライラしない

安藤俊介

朝日新聞出版

はじめに

はじめまして、「『怒り』のマネジメント」をテーマとして、セミナーや研修、原稿執筆、テレビ出演、講演をしている安藤俊介《あんどうしゅんすけ》と申します。

私は、かれこれ10年近く「怒り」について研究し、講演・セミナーなどを通して、のべ5千人以上もの怒りに向き合ってきました。

そのなかで本当に驚かされることが、**「怒り」は、とても身近な感情で、なおかつやっかいな感情なのに、実はあまりよく知られていない、**ということです。

本書を手に取られたあなたもそうではないでしょうか。

「こっちの大変さも知らずに思いつきで仕事をふりやがって」と上司にムカつく

「急いでいるのに、ゆっくりレジ打ちをするなよ」とコンビニの店員にイライラする

「なんで、いつも要領を得ない話し方をするかな」と部下にイラ立つ
「お客さんだからって、言いたいこと言いやがって」と取引先の人に腹が立つ
「政治がこんなんだから、こっちの暮らしがいつまでも楽にならないんだよ」とテレビのニュースに不愉快になる

このように、日々、イライラ、ムカムカしています。

毎日、何かしら、誰かしらに怒っています。

あなただけではありません。多くの人がそうです。

それほど、「怒り」は「身近な感情」なのです。

ところが、この身近な「怒り」という感情、実はとてもやっかいです。

「喜・怒・哀・楽」の感情のうち、あつかい方を誤るともっとも害のある感情なのです。

「喜び」や「楽しみ」のプラスの感情は、無条件に、外に出してもそうは問題ありません。

「よかったね」「楽しかったね」ですみます。

しかし、「悲しみ」や「怒り」のマイナスの感情は、自分を苦しめます。

その上、「怒り」には、「悲しみ」と違って他人を巻き込む「攻撃性」があります。

腹が立って相手を怒鳴る、カチンときて部下を叱りつける、イライラして子どもに当たる、そういう他人を攻撃する行動に出やすいのです。

あるいは、もっとひどいと犯罪にまで至るケースもあります。「むしゃくしゃして、イライラしてやってしまった」と新聞などで犯人のコメントに出ることからも、「怒り」は攻撃性をはらんでいるといえるでしょう。

そう、「怒り」は、人間関係にトラブルを引き起こし、仕事やチャンスを失うことの多い感情なのです。

けれども、こんなに「身近でやっかいな感情」なのに、私たちは、自分の怒りについてあまりよく知りません。ある意味、野放しのまま、イライラしては人とぶつかったり、ムカついては、仕事に支障をきたしています。

そもそも「怒り」というのは、人間だけでなく、犬や猫や、クマ、イルカなど、ほかの動物にも見られる感情です。

「怒り」は、動物にとって、「威嚇《いかく》」や「警戒」であり、身を守る一つの方法です。防衛本能なのです。

だから、人間も動物の一種である以上、なくなるものではないと私は思っています。武器をもって襲いかかる人を前にして、怒ってはいけない、と諭すわけではありません。

ただ、私たち人間は、そんな状況にないのに、なぜか「怒り」に苛まれます。「身の危険性」といったレベル以外のもので怒り、人生を損なっています。

それは、**人間だけが、自分の考え方・価値観をもとに「意味づけ」をして「怒り」を抱くからです。**

詳しくは、本章で説明しますが、人間の怒りは、「考え方しだい」「とらえ方しだい」だといえるのです。

たとえば、人混みで「足を踏まれた」とします。

Aさんは、苦手な取引先に謝りに行く途中で「足を踏まれた」際、カチンときて、にらみつけました。

Bさんは、大口の商談がうまくいって帰社する途中「足を踏まれた」のですが、「いたっ」と思うくらいで気にもしませんでした。

どうでしょうか。

「足を踏まれた」という出来事に遭ったのは同じなのに、Aさんは「怒り」を感じ、一方のBさんは「気にしない」のです。

つまり、「足を踏まれた」という「出来事」そのものではなく、その出来事をどう受け取り、意味づけするかで怒りが生まれるのです。

しかしながら、この「怒り」の感情だけなら、あまり問題ではありません。

問題なのは、「怒り」の感情があることで、仕事や人生に支障が出ることです。

カッときて思わず言った言葉で、人を傷つけたり、無用な争いに発展したり、それ以上に地位や仕事を失ってしまうような事態です。

「怒り」によって、自分のビジネスや人生にとって不利益だったり、幸せになれないならば、「怒り」をなんとかしたほうがいいでしょう。

それが本書のテーマ「怒りのマネジメント」です。


だから、「怒りのマネジメント術」とは、「絶対に怒ってはいけません」という話ではありません。怒ってもいいのです。

ただ、その怒りにふりまわされて損することがないようコントロールしていこう、とい

うこと。

私は、「マネジメント」を「適切に配分する」と訳しています。

これは、私たちが持っている、限られた時間、限られたエネルギー、限られた能力のなかで、「怒り」に使う配分をなるべく減らしていこうという意味です。

たとえば、怒らなくてもいいことには、怒らないほうがいい。

怒るにしても、小さな怒りに大きなエネルギーを使う必要はない。

そういう配分ができる技術を身につけていくのが、怒りのマネジメントです。

実際、100%怒らない自分になることを目指してしまえば、つらくなってしまうと思います。そもそも、あらゆる怒りを取り除こうとしても、普通の人には不可能に近いでしょう。かくいう私も、こんな「怒りのマネジメント術」という本を書いておきながら、カチンときたり、ムカッとすることはあります。

だから、本書は「『怒り』をゼロにすること」が目的ではありません。

そもそも、私たちはブッダを目指すわけではないのですから。怒りを感じてもいいのです。

ただ、怒りの配分はしっかり見極めていったほうがいい。

怒らなくてもいいことには、怒らない。（「怒り」という感情を減らす）
怒るとしても、表現方法や場所を選ぶ。（「怒り」にまかせた行動をやめる）

そのほうが人生ははるかに生きやすくなります。

ムダな「怒り」は減らし、単に「怒る」という行動はやめる。

それが「怒りのマネジメント」であり、本書の目的です。


「怒らない人」というのは、「怒りの感情に振り回されない人」のことです。怒りの感情のない人のことではありません。

「怒り」を闘争心に変えて、ビジネスで結果を出せるのなら、それはいいことだと私は思います。

「怒り」の感情によって、ビジネスや幸せな人生に不利益ならば、怒りをマネジメント（適切に配分）していく。

本書は、そのための「怒りを知り、怒りをとりあつかう方法」を書きました。

本書に書いた怒りのマネジメント術は、私がアメリカで習得した「アンガー《怒り》マネジメント」のメソッドに基づいています。

これを土台として、初めての人にも取り組みやすく、ビジネスパーソンに有効なものをチョイスしました。

また、**「メソッド」**なので、**特別なスキルも才能もいりません。誰もが練習すれば、ぐんと怒りのマネジメントは上手になります。**

アンガーマネジメントは、現在、アメリカにおいて企業や学校、政治の世界、プロスポーツの分野、軽犯罪者のための教育……など、さまざまな分野でとりいれられています。

とりわけ、**経営者や医師、弁護士など、ストレス環境が高く、怒りをマネジメントできないことが致命的になる職業の人たちが積極的に取り組んでいます。**

「怒り」によって、仕事や人間関係に支障が出ることがないよう、「怒り」をマネジメントすることが、アメリカでは一般的なものになっているのです。

日本では、まだなじみのない「アンガーマネジメント」ですが、「怒り」に振り回されて自分の人生を台無しにしないよう、ぜひ、身につけていただければ幸いです。

平成二十三年八月

一般社団法人日本アンガーマネジメント協会代表理事
安藤　俊介

目次

第2章 怒りをマネジメントできれば、人生が変わる

第5章　「怒らない体質」の自分に変わる

第6章　「怒らない人」が習慣にしている会話のルール

本文デザイン・図版作成　フロッグキングスタジオ

第1章

「ムダな怒り」で、人生、損していませんか？

つまらないことで怒って
いろんなものを失っている

「怒り」に振り回されない自分になるために

この本を手に取られたあなたは、
・ついイライラしてしまう
・すぐカッとして、ものを言ってしまいがちだ
・カチンときて、暴言を吐いてしまい後悔をする
・イライラして仕事が手につかないことがあって困る
・まわりの人にムカッとくることが多くて疲れる
・怒りを抑えられないときがある

こういったことに悩んでいませんか？

どうにかして「怒り」の感情とうまく付き合っていきたい。

「怒り」に振り回されない自分でありたい。

きっとそう思って、これを読んでいることと思います。

そんなあなたに、「『怒り』のマネジメント術」をお話しする前に、まず、言っておきたいことがあります。

それは、

「怒る」のは損

ということです。

「は？　そんなこと、わかっているよ」と突っ込まないでくださいね。

そういう人でも、やっぱりどこかで思っていることが多いものです。

「『怒る』ことで、自分は何か得するんじゃないか」

「『怒る』ことで、相手が自分の望むように変わってくれるんじゃないか」

「『怒る』ことで、現実がうまくいくようになるんじゃないか」

と。

まずは、そんなどこか「『怒る』のは得」という気持ちをどうか捨ててほしいのです。

結局、「怒る」という行為は、私たちにとってプラスに働いてはくれないものです。自分が単にイライラして不快な思いをするだけでなく、「怒る」という行為によって人生そのものが狂わされてしまうことすらあります。

これは決して大げさな話ではありません。

松本元復興大臣は自分の「怒り」に負けた

そのことを、ある出来事であらためて再認識しました。

「ある出来事」とは、東日本大震災のあと、就任して数日で更迭させられた松本龍《まつもとりゅう》元復興対策担当大臣の一件です。

テレビでも連日報道されていたので、記憶にある方も多いのではないでしょうか。

松本元大臣が被災地・宮城県の村井嘉浩《むらいよしひろ》知事を訪問した際、3、4分ほど待たされたことを「先にいるのが筋だよな」として、マスコミの面前で「お客さんが来るときは、自分が入ってきてからお客さんを呼べ」と叱りつけた件です。

そのシーンが全国のテレビに流されて以降、世論の反発を買い、結局、辞任に追い込まれました。

後日、彼は、「私は九州の人間ですけん、ちょっと語気が荒かったりして……」と釈明しましたが、時すでに遅し……。

このときの映像を見た多くの人が、「なんて、ひどい大臣」「ちょっと待たされたくらいで、相手を叱りつけてイヤなヤツ」と感じたことでしょう。

あるいは、「待たされたことでカチンときて、公衆の面前という場もわきまえずに怒るなんて、こんな人が大臣やっていて大丈夫かな」と心配になった人も多かったのではないでしょうか。

「はじめに」で怒りのマネジメントのポイントを二つお話ししました（9ページ）。

①怒らなくてもいいことには、怒らない。（「怒り」という感情を減らす）
②怒るとしても、表現方法や場所を選ぶ。（「怒り」にまかせた行動をやめる）

の二つです。

この二つの視点から松本元大臣の件を考えてみましょう。①の視点からいえば、松本元大臣は、「自分が3、4分ほど待たされる」ことは、本業である「東北の復興」という仕事を左右するほどの出来事かを考えれば、おのずと答えは出てくるかと思います。

②の視点からいえば、本業を左右するようなことではないけれど、「待たされたことを怒る」と判断したとして、あの場で、あのような言い方をすることがはたして適切であったかどうかということです。

これについては、言われた側の村井知事の発言「できれば命令口調ではなく、お互いの立場を尊重したような話しぶりのほうがよろしいのではないかという気はいたします」(2011年7月4日宮城県知事の記者会見より)が参考になるでしょう。この2点から考えても、松本元大臣のあの怒りは、どうも重要ではないし、適切だったと思えないのです。なのに、「怒り」という感情に負けて、「怒る」という行動をとってしまった。そして自分にとって損な展開になってしまった。

いかがですか。

「怒る」のは損、そう思いませんか。

「怒りのマネジメント」の
２つのポイント

1 怒らなくてもいいことには、怒らない

→「怒り」という感情を減らす

2 怒るとしても、表現方法や場所を選ぶ

→「怒り」にまかせた行動をやめる

でも、実はこれは決して他人事ではありません。私たちの多くも、日々日常の中で自分では無自覚なまま、しょっちゅう「ささいなこと」で怒っていたりするのです。

私がこの本を手に取ってくださったみなさんにまず考えていただきたいのは、このことです。

私たちは、日々、「つまらない怒り」でチャンスや信頼を失っています。

「不必要な怒り」で、仕事や人生を台無しにすることがあまりに多いのです。

「怒れない人」と「怒らない人」は違う

セミナーなどで、「怒るのは、損」と説明し

ても、それでも言われることがあります。

それは、「怒らないと泣き寝入りになって損しませんか」「怒らないと、まわりからなめられませんか」ということです。

これは大きな誤解です。

たしかに、「怒れない人」は、なめられるかもしれません。損することもあるでしょう。

でも、「怒れない人」と「怒らない人」は違います。

「怒れない人」とは、怒りの感情はもっていても、相手を恐れて、あるいは相手に遠慮して、それを発することができない人です。その結果、相手の言いなりになることを、自ら選択してしまうこともあります。

そうした雰囲気は、相手に簡単に察知されてしまいます。なので、人によっては、「この人なら、自分の思いどおりにできる」と、なめられてしまうこともあるのです。

一方、**「怒らない人」は、怒りの感情をもっても、あえて自分の意志で表に出さないことを選択した人**です。

つまり、自分のなかの「怒り」という感情をマネジメントできている人なのです。

「怒る人＝無能な人」――カエサルが教えてくれたこと

古代ローマの高名な将軍・カエサルは、「怒らない権力者」だったそうです。たとえ部下が大きなミスをしたとしても、それを怒らず、逆に救ってやったのだとか。

実際、作家・塩野七生《しおのななみ》さんによると、

「怒りとは、怒らなければならないほどの人のところにまで降りていって、その人に向って爆発させる感情である。カエサルは、降りていくことでその人と対等な立場に自分が立つことを拒否したのだろう。その結果は、不満があっても怒らない、ということになる。それどころか、怒りを爆発させても当然な相手を、弁護してやることまでした。カエサルは、部下には、明確な目的を示した後は一任するリーダーだったが、それでときにはエラーをする部下もいる。だがそのときでも、若いためにあせった結果だとして、部下を救っている」（『文藝春秋』2011年7月号より）

とのこと。

かの有名なカエサルすら、怒ることを「よし」としなかったのです。

できる人ほど怒らない——。

その理由を、塩野さんのこのカエサル像は教えてくれるような気がします。

あなたのまわりの「できる人」を観察してみてください。

彼らのなかに怒りっぽい人はいますか。

もちろん「厳しい」という印象の人は少なくないでしょう。

しかしながら、その話し方や振る舞いをよくよく観察してみてください。けっして怒りにまかせた荒い態度や発言はないはずです。

できる人は、「怒る人」でもなく、「怒れない人」でもなく「怒らない人」なのです。

「怒り」で「人間関係」を失う

「イラ菅」の菅直人を見て、わがふり直せ

では、ここからは、いかに「怒り」が損か、「怒る」ことで失うものが多いかを具体的にお話ししていきましょう。

「怒る」ことで、損する場面はたくさんあります。

まず、「人間関係」を失います。

怒りっぽい人からは、人は離れていきます。

そのいい例が菅直人氏。

彼は昔から「イラ菅」というあだ名がついていたくらいに、すぐにイライラして、その怒りをストレートに表に出すことで政界でも有名だそうです。

時には人前で相手を怒鳴りちらすこともあるそう。

その最たる例が、東日本大震災直後の、2011年3月15日。東京電力本店に怒鳴り込みにいったという一件です。

大津波に襲われ大事故を起こした東京電力・福島第一原発。その後の東京電力の対応の悪さに怒り心頭に発したのか、首相である菅氏は早朝に東京電力に乗り込み、社員たちを怒鳴りちらしたというのです。その声は部屋の外にいる人にまで聞こえてきたのだとか。

実際、菅氏が怒鳴ったところで、東電の対応がよくなったわけではありません。逆に、ますます混乱に拍車をかけてしまったような気がします。

菅直人氏が、閣内で孤立しているという理由も同様ではないでしょうか。

イライラしがちで、すぐ怒る人には、人はついていかないものです。

しかしここで、「菅直人は、怒りっぽくてひどい」と呆《あき》れている場合じゃありません。

菅のふり見て、わがふり直せ、です。

私たちも気をつけなければいけないのです。

イライラした気持ちを抑えられずにいると、知らず知らずのうちに、距離を置かれてしまうことがあります。

ちょっとしたことで怒ったり、また、自分の意見や命令を「怒り」で表現して押しとおすと、人は離れていってしまいます。

結局、人は怒れば怒るほど、どんどん人間関係を失うのです。

能力はあるのに、発揮できない「残念な人」

私は、アンガーマネジメントの企業向け研修を行っています。研修のオファーをいただく際、相手先の企業の悩みで一番多いのが、「能力はあるのに、まわりの人と衝突ばかりする人に受けさせたい」というパターンです。

「能力はあるのに、まわりの人と衝突ばかりする人」とは、チームで仕事をしているときに、自分のやり方や意見を主張して、まわりとぶつかってばかりいるタイプです。

このタイプは、もともと非常に優秀な人が少なくありません。

なぜなら、そもそもできる人だからこそ相手の仕事のミスや欠点が見えやすいのです。

ただ、その相手のミスや欠点に気づいたときにイライラする、あるいは、そのミスや欠点を相手に伝える際、「怒る」という行動をとってしまうから、まわりとぶつかるのです。

このタイプの社員は、能力もあり、頑張っているわりに、多くのことが空振りで終わり、なかなか結果を出せません。

本来もっている実力を存分に発揮することができない「残念な人」なのです。

これは非常にもったいないことです。

私たちが成長・発展していくためには、人とのつながりが非常に重要です。

有用な情報をもたらしてくれるのも他人、世界を広げていってくれるのも他人、いざというときに助けてくれるのも他人です。

怒りをマネジメントできずに周囲とぶつかる人というのは、こうした人とのつながり、仲間をみすみす捨ててしまっているのと同じことなのです。

「怒り」で「仕事」を失う

私のセミナーに外資系金融マンが多い理由

怒りは、「人間関係」を損なうだけではありません。「ビジネス」そのものにも多大な損失を招いてしまうこともあります。

怒ると知能指数（IQ）が下がるそうです。

ふだんの自分だったらたぶん言わないだろう不用意な発言をしたり、とらないような選択をしたり、しないような行動をしてしまいがちです。

つまり、怒りで頭に血が上ると、「ビジネス」に重要な「判断力」を失います。

事実、私のセミナーにくる人は、外資系金融業界の人が多いです。

なぜならば、彼らは、感情にとらわれて冷静な判断ができないと、多額の損失を出してしまうからでしょう。

怒りは、感情のなかでもマネジメントしづらいやっかいな感情です。

「イライラしていても、じっとタイミングを待つ」とか、「失敗してカーッとなっても、『10%下がったら損切りする』など自分が決めたルールを守る」といったことをしていかねばなりません。

いつも頭をクリアにし、冷静な判断ができる人でいるために、怒りのマネジメント術を学んでいるのです。

「結果を出す組織」をつくれない

怒りっぽい上司のもとでは、部下は「能力を発揮する機会」を失います。

怒鳴り声は相手を萎縮させてしまいます。さらに、その上司の怒鳴り声は、まわりの人たちをも萎縮させてしまいます。

自分に飛び火しないよう守りに入るばかり。やる気どころの話ではありません。メンバー同士の関係もギスギスしがちです。

こんなチームで結果の出せる仕事ができるでしょうか。たぶん「ノー」でしょう。

そんなことが続くと、部下は、職場を去っていきます。

怒りをマネジメントできない上司のもとでは部下は定着しづらいのです。

その人のもとで人が頻繁に辞めるというのであれば、会社はその人の管理能力を疑問視するでしょう。

また、会社にしてみれば、社員の定着率が悪ければ、新規採用と教育でコストがかかるばかりです。

さらには、よくわからないことで怒られるから、ストレスが多く、ミスが発生しやすくなります。もっと悪いことに、ミスが大ごとになりやすいという傾向もあります。

たとえば、職場でちょっとしたミスが起きたとき、怒らない上司であれば、報告もしやすいでしょう。しかしながら、すぐに怒る人であれば、「相談して怒鳴られたらいやだな」と思い、報告するのに気が重くなるのもわかります。

そこで、なんとか自分で解決しようとする。その結果、下手をすれば、ミスがさらにミスを呼び、気がつけば手の施しようのない大きなミスにつながってしまった……ということも起こりえます。

「怒る人」というのは、「結果を出す組織」にとってお荷物だといえるでしょう。

上に立つ人ほど「怒り」は致命傷につながる

「怒り」によって、「昇進の機会」も失います。

たとえば、アメリカ・ノースカロライナ州にあるクリエイティブリーダーシップセンターの研究によると、エグゼクティブにとって、「怒りをコントロールできない」ということは、「昇進の機会を失う」「解雇される」「退職勧告される」といったことの、もっとも大きな要因となるといいます。

先ほども述べましたが、怒りやすい人のもとには部下は居着きません。もちろん、優秀な人材も集まってきにくくなります。

さらには、怒りは判断力の低下を招きます。

怒りっぽい人は、すなわち判断を誤る確率も高いということです。

会社としても、そんな人に重要な判断を任せられません。だから、経営者ほど「怒りをマネジメント」する必要があるのです。

しかし、このように経営者にお話しすると、こう勘違いをすることがあります。

「アンガーマネジメントをやる＝人の首を切らなくなる」と。

それは違います。

意思決定として、その人材がダメだったら切ります。けれどもその際、「怒鳴ってケンカして辞めさせる」のか、「『君はここにいてもお互いによくないよね』と言って、冷静に話をして出ていってもらう」のか、それだけの違いです。

つまり、経営者は、場合によっては人を切るという冷徹な決断をしなければならないこともあります。そのときにも「怒り」という感情に惑わされず、「怒る」という行動をとらないでいる必要があります。

そのために、より高いレベルでの「怒りのマネジメント」が重要になるということです。

謝罪会見に学ぶ「人前でキレる」ことの重大さ

また、たった一瞬の「怒り」によって「信頼」を失い、会社の命運を分けることもあるでしょう。

たとえば企業の謝罪会見などで、経営者や広報担当者が、記者の質問や対応に怒りをあらわにする光景を目にすることがあります。

最近では、数名の死者を出す食中毒事件を起こした某焼肉チェーンの社長の会見が記憶に新しいのではないでしょうか。

あまりの「逆ギレ」ぶりに、テレビなどで見た国民の多くは唖然《あぜん》としたことでしょう。会見での、あまりにも激高したその様子や、ふてくされたような謝り方、キレているかのような口調で謝りの言葉を言う姿に違和感を覚えた人は多いはずです。

挙句の果ては「日本中のすべての焼肉屋さんと同じ物を使用し、そのなかで私たち、もしくは納品業者様に何らかの不備があってこのような事態を起こしました」と、謝罪会見なのに、「うちだけが悪いんじゃない」「納品業者が悪い」とでもいわんばかりの言葉に、私も大変驚きました。

百歩ゆずって、「うちだけが悪いんじゃない」「納品業者が悪い」のだとしても、その怒りを記者会見という公の場で、事件直後に言う必要があるでしょうか。

結局、人間は「怒っている人」に対しては共感できないのです。たとえ、その人がどれほど正論を述べたとしても、です。

特に、公の場での怒りのマネジメントは重要です。

公の場で、一瞬の出来事にキレてしまえば、それはその人にとってどころか、その組織にとっても致命的な結果になってしまうことも少なくないのです。

ましてや、組織で重要な立場にある人の場合、その損害は計りしれません。

重要な立場にある人、人前に出ることが多い人ほど怒りのマネジメントが欠かせないのです。

「怒り」で「健康」を害する

怒りっぽい人は病気になりやすい

「怒り」は、私たちの「健康」や「安全」においてもマイナスです。

アメリカ・国立老化研究所がイタリア・サルディーニャ島で行った研究によると、競争心が強く、攻撃的な、いわゆる「怒りっぽい」性格の人は、「温厚」「寛容」な人たちよりも、心臓発作や脳卒中のリスクが高いのだそうです。

そのほか、アメリカでは、怒ることで心筋梗塞《しんきんこうそく》の発症率も高くなるというデータがいくつも出されています。

日本でもこうした研究結果は出ており、大阪府立健康科学センターの研究によると、怒りを内に溜《た》めやすい男性は、高血圧症になりやすいのだとか。

怒りっぽい人は、病気になりやすいようです。

夫婦ゲンカをしたときは車に乗ってはいけない

怒りは、体そのものをむしばむだけではありません。

怒りにまかせて行動した結果、思わぬアクシデントに巻き込まれる危険性も高まります。大ケガをしたり、時には命を失ったりしてしまうこともあります。

たとえば、駅や電車のなかで、サラリーマン同士がケンカしている姿をたまに見かけることがあります。

そもそも原因は、肩がぶつかったとか、ささいなこと。そこから、「謝らなかった」とか、「ガンをつけられた」とか、お互いに因縁をつけはじめ、それが怒りの応酬となり、どんどん争いはエスカレートしていってしまうわけです。

途中で、見かねたほかの乗客や、駅員さんが仲裁に入ってくれて、事なきを得ることもありますが、下手をすれば、そのケンカが原因で亡くなってしまう場合だってあります。

あるいは、「夫婦ゲンカをしたときは車に乗るな」ということがよくいわれます。

怒りの感情を残したまま、車を運転するのは、非常に危険です。

怒りによって、私たちは自分をコントロールすることができなくなり、危険な行動に走ってしまいがちです。また、冷静な判断ができなくなるため、注意力もかなり落ちてしまいます。

そんな状態で車を運転すれば、当然のことながら、運転は非常に荒くなってしまいます。

だから、ケンカをしたあとには車に乗ってはいけない、といわれるのです。

健康に生き生き過ごしたいなら、怒るのはやめよう

また、怒ることで、体の回復力が落ちるという研究結果もあります。

これは、アメリカ・オハイオ大学で行われた研究です。被験者に軽い火傷《やけど》を負ってもらい、8日間にわたって皮膚の回復状況を観察する、という実験を行いました。

その実験に先立ち、あらかじめ怒りやすさの程度をチェックする心理テストも実施。回復の経過を、この心理テストの結果と合わせて見ていったわけです。

すると、怒りのレベルの高い人のほうが、低い人より圧倒的に、回復に時間がかかるという結果が出たそうです。

このことから、「怒りのマネジメントができない人は、火傷やケガからの回復が大幅に遅れる」ことがわかりました。

「怒ること」は、病気になりやすく、ケガを起こしやすいうえに、回復力も落ちるのです。

「怒り」は、健康に生き生きと過ごす可能性をも奪ってしまうのです。

もはや「つい」「思わず」ではすまされない

カチンときてツイッターでつぶやいたことが大ごとに

私たちは、「怒り」によって多くのものを失います。

それを助長しているのが、ブログやツイッターなどインターネットの表現手段です。

最近では、ブログやツイッターなどで、怒りのあまりそれをネット上で吐き出してしまって問題になったことのある人が増えています。

有名な例でいうと、少し前、タレントの大桃美代子《おおももみよこ》さんが、ツイッターで「とある暴露」を行い、関係者を巻き込んでの大騒ぎになってしまったことがありました。

「元夫が麻木久仁子さんと不倫をしていたことがわかったこと。先輩として尊敬していたのに、ショック。どうして。辛い」

といった内容の文章をツイッターでつぶやいてしまったのです。

おそらく彼女自身、ここまで大ごとになるとは思ってもいなかったのではないでしょうか。ただ、悲しみや戸惑い、怒りといった感情の赴くままに、ツイートしてしまったのだろうと推測します。

しかし、その後、彼女自身や関係者に与えたダメージは計りしれません。

「怒っている内容」を友人に話すだけであったり、関係者に訴えるだけであれば、そう問題にならなかったことが、ツイッターやブログに書くことで大ごとになってしまう。

これは、決して他人事ではありません。

ネット花盛りのいまの時代、ブログやツイッター、フェイスブックなど、個人が自分の感情を表現できる場所がたくさんあります。

しかも、受け手が直接見えないため、対面でのコミュニケーションのようなプレッシャーもありません。だから、怒りも悪口も気軽に発してしまえます。

でも、ここに落とし穴があります。

ネットの世界は誰が見ているのかわからないのです。

自分の発した怒りで、ブログなどが「炎上」するだけならまだいいでしょう。しかし、個人が特定され、内容によっては、それが原因で会社に迷惑をかけたり、自分自身の仕事を失ってしまうこともあるのです。

「訴訟問題」になってからでは遅すぎる

さらに、これからの日本でもっと怖いのが、「怒り」が「裁判沙汰」になりかねない、ということです。

とりわけ、訴訟につながりやすいのが、パワーハラスメント（パワハラ）です。

実際、訴訟社会のアメリカでは、パワハラで上司や会社を訴えるというケースは頻繁に起きています。その場合、職を失うだけでなく、多額の賠償金を支払わなければいけないというリスクもあります。

なにせ、セクシャルハラスメント（職場などでの性的な嫌がらせ）で76億円の賠償を支払う評決が出る国ですから、パワハラでの賠償金もかなりの高額になりがちです。

そして、これからの日本では、これを海の向こうの国の話とはいっていられません。

良くも悪くも、日本はアメリカの後追いのようなところがあります。今後、日本がアメリカのような訴訟社会になっていく可能性は十分にあります。

たとえば、会社で部下を怒鳴りちらし、「おまえほど使えないヤツはいない!」など、相手の人格を否定するような言葉を吐いてしまえば、パワハラで訴えられる可能性があります。

あるいは、親子関係で、言うことを聞かないわが子を、自分では「しつけ」と思って、激しく怒鳴りつけたり、ぶったりしていれば、まわりから幼児虐待で通報される可能性があります。

あるいは、恋人や夫婦の間柄で、怒りにまかせて暴力をふるっていれば、ドメスティックバイオレンス(DV)で訴えられる可能性があります。

これらは、アメリカでは日常茶飯事として、通報されたり、裁判沙汰になっていることです。

そして、こうした裁判沙汰になれば、多くの場合、当事者は社会的な地位も失ってしまいかねません。

これからはますます「怒る」ということに対する社会の目は厳しくなっていくでしょう。

「怒る」ということは、もはや、自分だけの問題ではなくなりつつあります。

あなたの「怒り」は、家族、会社、学校、地域社会、下手をすれば国までも巻き込む大ごとにもなりかねない……という状況になりつつあるのです。


以上、「怒り」があなたの人生にもたらす、さまざまな「マイナス」を見てきました。いかがでしたか。

何度もいいますが、「怒りは損」なのです。

だからこそ、マネジメントせずに、野放しにしては、危険な感情なのです。

そして、できる人はそれを知っています。

では、次の第2章で、「怒りをマネジメントする」ことが、どれほどあなたの人生にとってプラスになるのかを見ていくことにしましょう。

第2章

怒りをマネジメントできれば、人生が変わる

怒りと上手に付き合うことは、成功への近道

いわゆる「怒りっぽい人」だった、昔の私

第1章では、怒りの感情をそのままにしてしまうことがいかに「損」かをお話ししました。この第2章では、逆に、怒りをマネジメントできるようになると、どんな「いいこと」が起こるのかを述べていきましょう。

実は、この「損」も「いいこと」も、少なからず、私が実際に経験したことでもあります。

何を隠そう、私自身、10年くらい前までは、「怒り」の感情をうまくマネジメントできずにいました。つねにイライラ、ムカムカしっぱなし。

いわゆる「怒りっぽい人」だったわけです。

しかも、その感情を、上司や部下、さらには取引先のお客様にまでぶつけることもたびたびで、当時の私のまわりでは、しょっちゅうトラブルが起きていました。

いま思えば、お恥ずかしいかぎりです。

そんななか、出合ったのが「アンガーマネジメント」です。

笑顔で穏やかに働くN・Yのビジネスパーソンに学んだこと

出合ったのは2003年ごろ。当時、仕事で渡っていたアメリカで、でした。

そのころ、私はニューヨークで仕事をしていたのですが、どうしても不思議に思うことがありました。

それは、そこで働くビジネスパーソンたちが、つねに穏やかで、笑顔を絶やさずに仕事をしている、ということ。彼らは私よりはるかに忙しいし、ストレスの多い環境で働いているはずなのに、怒りの感情だって起こりやすいはずなのに、そうではない。しかも、きちんと業績も上げているのです。

一方の私は、相変わらず、怒りっぽくて、つねにイライラしていました。

この違いは、いったいどこにあるのか？

その答えが「アンガーマネジメント」でした。

私の出会ったビジネスパーソンたちの多くは、怒りを上手にマネジメントしており、仕事や人間関係などで自分にとって快適な状態をつくりだしていたのです。

怒りっぽい性格をもてあましていた当時の私は、「これは自分を変えるチャンス！」と、このアンガーマネジメントにすぐさま飛びつきました。

セミナーを受けるためにアメリカ中を飛び回り、さまざまな文献を読み、さらには自分でもどんどん実践していき……。私は必死になってアンガーマネジメントの習得に取り組みました。

もちろん最初のうちは、なかなかうまくいきませんでした。でも、やり続けたのです。

私を成功へと導いてくれたアンガーマネジメント

結果、私はアンガーマネジメントによって、大きく変わりました。

いまの私に出会った人は、「私は、昔はものすごく『怒りっぽい人』だったんですよ」と話しても、たいてい信じてくれません。逆に、昔の私を知っている人は、いまの私に会うと、「あの安藤がね……」とかなり驚きます。

それほど、私自身、大きく変化したのでしょう。

そして、その変化は、私にとって非常に心地よいものでもあります。

たとえば、他人とぶつかることがほとんどなくなり、生活のなかでイライラすることが激減しました。たとえ、イライラしても、それをあまり引きずりません。

また、自分が遭遇したさまざまな物事や出来事に対して、許容できる範囲が広がったため、カチンときたり、ムカッとくることは、めったにありません。

これはものすごく幸せなことだと感じています。

ムダな怒りのない人生がいかに素晴らしいものかを実感しています。

そして、アンガーマネジメントがうまくいくと同時に仕事もうまくいくようになりました。

やがてその後、6年前に会社を辞めた私は、アンガーマネジメントを教えるセミナーや講演の仕事をする会社を立ち上げました。

いま、おかげさまで、数多くのクライアントから支持をいただき、毎日が楽しく素晴らしく充実しています。

「怒りをマネジメントできれば、仕事も人生もうまくいく」と実体験から自信をもっていうことができます。

「怒らない」ことは、結局、心地いいこと

試しに、たった一日「怒らない」状態でいてほしい

私は、実体験から「怒りをマネジメントできれば、仕事も人生もうまくいく」ということを痛感しています。

そしてアンガーマネジメントの相談にきたクライアントには、「怒りをマネジメントできれば、仕事も人生もうまくいく」ということを体感してもらうべく、ある方法をおすすめしています。

それは、「一日、何があっても怒らない」という方法です。

やり方は、簡単です。

何があっても「怒らない」という状態を、たった一日、つくりだすのです。

その日一日、心の中はともかくとして、表面的には穏やかに振る舞うのです。どんなにカチンとくることがあっても、「今日一日はなんとか乗り切ろう」と、その感情をグッと抑えてください。

「一日」という期限つきだから、なんとか頑張れると思います。

この体験をすると、たいていの人が、「怒らない自分」になったときの、まわりの反応に驚きます。

「何があっても怒らない」と、部下の態度が激変！

この「一日限定で、『怒らない人』を演じる」という体験を、私のセミナーにきたビジネスパーソンのMさんにしてもらったときのことです。

Mさんは、商社に勤務している中間管理職の40代男性です。Mさんは、まわりと協調せず、上司である彼にも何かと突っかかってくる部下に手を焼いていました。

その部下は、非常に仕事はできる人だったのですが、その分、「結果だけ出せば、何をやってもいいだろう」という態度が見え見えで、自分勝手な行動はエスカレートしていく一方でした。

そんな彼の態度に耐えかね、Mさんも、何度か彼に対して、声を荒らげて注意することもあったといいます。しかし、それは火に油を注ぐようなもので、関係はこじれていくばかりでした。また、周囲と衝突しやすい彼のせいで職場はトラブルが多く、Mさん自身もイライラしたり、怒鳴りつけることが多くなったそうです。

そんな自分に悩んでいたMさんに私は「一日限定で、『怒らない人』を演じてみてください」と提案したのです。

その日も、その部下は相変わらず反抗的で、「そんなくだらない会議に出て、なんの意味があるんですかね？」と突っかかってきました。

この言い方にはカチンときましたが、「一日は、絶対怒らないぞ」と怒鳴りつけたい気持ちをグッと抑え、穏やかな口調でMさんはこう諭したそうです。

「○○君にとっては、くだらない会議でも、営業部にとっては販促のための情報を集める重要な会議なんだよ。まず、そこはわかってほしい。

でも、○○君がそう思うのだったら、何か会議そのものに問題があるのかもしれない。

参加するメンバーそれぞれにとって、内容のある会議にするためには、どうすればいいんだろう。どうだい。ここで一緒に考えてみないか？」

さて、その結果、どうなったでしょうか。

なんと、この部下は、これまでの反抗的な態度とは打って変わって、Mさんの話に耳を傾け、会議に対するいくつかの提案もしてくれたというのです。

シンプルなルール――「怒らない人」には怒らない

こうした態度の変化に、Mさん自身、とても驚いたといいます。

なぜ、こうなるのでしょうか。

これは、心理学でいうところの返報性の法則。人間には、他人から何かをしてもらうと、お返しをしたくなるという心理があるのです。なので、こちらが受け入れ態勢に入ると、相手も受け入れ態勢になってくれる。

だからたとえ、相手の言動にカチンときても、まずは相手の主張を受け入れる。相手の言葉に耳を傾ける。

「聞く耳をもっている」という姿勢を示すことで、たいていの相手は態度を軟化させてくれます。こちらに好意的に接してくれるようにもなります。

「怒らない人」には、「怒らない」のです。

相手の怒りにまきこまれず怒らないでいると、たいていの場合、相手も怒らないようになるのです。

こうした変化を実感してもらいたいため、私はクライアントに、よくこの方法をおすすめしています。

ほんの少しでいい、「怒らない」ということのメリットを実体験として感じてもらえたら、そのあとのアンガーマネジメントが習得しやすくなります。

習得する際、気持ちよく臨むことができます。

この体験は一回にとどめず、くり返して行うと効果が大きいです。

体験すればするほど、「怒らない人」でいることが、信じられないくらい、あなたにとって多くのメリットがあることに気がつくことでしょう。そして、「怒らないこと」の快適さをしみじみと感じることと思います。

「怒らない」から
うまくいく！

部下から尊敬される

では、ここからは、「怒らないのは、得」の具体例をお話ししたいと思います。

「怒らない」でいると、部下からの「尊敬」が手に入ります。

そもそも部下がどうして上司を尊敬するのかというと、自分にできないことを上司ができるからだと思います。仕事の技術しかり、知識しかり、言動しかり……。感情のマネジメントも、そうです。

感情をマネジメントするというのは、決して簡単なことではありません。

しかも、感情のなかでもとりわけ「怒り」は強烈でやっかいなものです。

だから、それができる上司は尊敬されるのです。

これをきちんとマネジメントできれば、部下からは、尊敬の対象になります。

上司や目上からアドバイスや助けをもらえる

一方、怒らない部下は、上にかわいがられ、アドバイスや助けをもらえます。


ゴルフの石川遼選手などを見ていると、まさにそう感じます。

彼は非常に怒りのマネジメントができています。19歳という年齢を考えると驚異的です。

彼が2009年の日本オープンで怒りをあらわにしたとき、それが大ごとになり、「遼くんが怒った！」とニュースになるくらい、「怒らない」プレーヤーです。

こういった「怒り」をきちんとマネジメントできている石川選手だからこそ、周囲から何かとアドバイスや助けをもらえるのです。

これは、特に若手ビジネスパーソンに学んでほしいことです。

熱い感情を仕事にぶつけることと、怒りのままに周囲とぶつかることを混同しがちな人も多いものです。

中田翔選手の好調のウラにあるもの

先日、とても興味深いインタビューに出合いました。それは、プロ野球の北海道日本ハムファイターズの中田翔《なかたしょう》選手のインタビューです。

彼はプロ4年目。4球団からドラフト1位指名を受けた期待の選手だったのですが、プロ入り後は、ほとんど結果を残せずにいました。

ところが、2011年のシーズンに入って、彼は変わってきました。4番に座り、その地位にふさわしい大活躍ぶりです。

ようやく本来の実力を発揮といったところでしょうか。

この変化はなんだろう……と思っていたときに、このインタビューを見て、納得しました。

「野球に対する姿勢もそうですが、考え方が変わったことが大きい」と中田選手は述べていました。

そして、考え方が変わり、謙虚になり、インタビューでも敬語を使うようになったそうです。ファンや報道陣の前で、ちょっとした質問にカチンときて態度に表したり、不機嫌な態度で接することも減ったそうです。

まわりの環境が変わったわけではありません。中田選手自身の考え方が変わり、怒りを外に表すことが減ったのです。

その結果の、あの好調ぶり。

ほかにもさまざまな理由はあるでしょうが、「怒りをマネジメントできると、結果も付いてくる」ということの証でしょう。

斎藤佑樹投手がすごいもう一つの理由

実は、中田選手のこうした変化のきっかけには、2011年に彼の属する球団に入団した斎藤佑樹《さいとうゆうき》投手の存在も大きかったようです。

あれだけまわりから騒がれているにもかかわらず、つねにファンやマスコミに礼儀正しく対応して、チームに対しても協調性をもって行動している。

そうした斎藤投手の姿を見て、自分自身のこれまでの態度を大いに考えるようになったのだといいます。

彼は、石川遼選手と同様、非常に感情のマネジメントができている人です。その彼が、中田選手を変えるきっかけになったのです。

怒りをマネジメントできる人は、その人がいるだけで、まわりにもよい変化をもたらすといえます。

しかも、「怒鳴ったり」「怒りをぶつける」という手法を使っていないのに、自然と変化をもたらすのです。

「怒らない人」は、周囲に自然といい変化をもたらすものです。

「怒らない職場」は、社員のやる気を引き出す

ザッポス社の急成長を支えてきたものは？

アメリカにザッポスという会社があります。１９９９年創業の新しい会社です。靴のオンラインショップからスタートし、現在は衣料やアクセサリーなどもあつかっています。

急成長著しい会社で、２００９年、創業10年目にして年商10億ドル（約８００億円）。２００９年にアマゾンの傘下に入りますが、そのときの評価額がなんと12億ドル（約９６０億円）です。しかも、経営陣もそのまま、企業文化もそのままという好条件での買収でした。

アマゾンにとっては何が何でも手を組みたかった企業だったわけです。

このザッポスという会社、なんと、コールセンターでひとりの顧客に何時間でも付き合っていいとされているのです。

コールセンターといえば、たいていの会社で電話での処理時間が計測されているものです。そこで求められる能力は、どれだけすばやく案件を処理し、どれだけ短時間で電話を切るか、です。

一方のザッポスは、速さより、お客様の満足度に重きが置かれます。そもそものこの会社の企業理念が「社員と顧客に幸せを届ける（Delivering Happiness）」というくらいです。コールセンターでも、お客様にどれだけの満足を与え、喜んでもらえるかがもっとも重要視されているのです。

怒りの生まれにくい職場は強い

私がザッポスを企業訪問したとき、会社を案内してくれた人が言っていました。

彼は以前勤めていた会社でも、同じようなコールセンター業務についていたのですが、そのときはかなりストレスを溜めていたそうです。頭痛はするし、肩コリはひどいし……

と、ひどい状態だったそうです。

ところが、ザッポスに転職してから、そうしたストレスからすっかり解放されたといいます。

それどころか、ザッポス流に「お客様を喜ばせよう」と働くようになったら、仕事そのものが非常に楽しくなったのだとか。

私はその人からこの話を聞いたとき、「怒りの生まれにくい職場をつくる」ということの大切さをあらためて感じました。

「誰かに喜んでもらおう」としているとき、「怒り」の感情につながるようなことはほとんどありません。

また、制限なく付き合っていい、と制約をはずしたところ、ノルマがないためにストレスが減り、怒りが生まれにくい環境になりました。

そして、そうした環境のなかであれば、社員のやる気はおのずと引き出されます。

そのことは、ザッポスは2009年以来、アメリカ『フォーブス』誌が選ぶ「もっとも働きがいのある会社」の上位にランキングされていることからもわかります（2009年は23位、2010年は15位）。

そしてまた、社員が「働きがいがある」と感じている会社は、おのずと利益もアップしていきます。

実際、前述のとおり、ザッポスの年商は日本円にして約８００億円です。アマゾンの傘下に入ったものの、創業以来の文化を守り、いまだに急成長を続けています。

異性にモテたいなら、「怒らない人」を目指す

「モテる人」がもっている共通のこと

ここまでは、「怒らない」ことのメリットを、主にビジネスの面で述べてきました。

一方で、「プライベートは？」といえば、ズバリ、怒らないとモテます！

人間はいくつになっても「モテたい」と思っているものです。それは、既婚だろうが独身だろうが関係ありません。男性だろうが、女性だろうが関係ありません。

ところで、男性も女性も、モテる人が共通にもつ要素というものがあります。

たとえば、女性が男性に求めるものとして、ダントツにいわれるのが「包容力」です。

つまり、つねに穏やかに接しくれて、自分の話もきちんと聞いてくれて、気持ちに余裕が

あって、いざというときに助けてくれて……という男性がモテるわけです。

一方、男性が女性に求めるものとしてよくいわれるのが、「やさしさ」です。

日ごろのさりげない気遣いとか、男性が落ち込んだときに、そっとそばで支えてくれる温かさ、そして、なんといっても、やさしい笑顔。こうした女性はどこに行っても引く手あまたでしょう。

こうした「包容力」とか「やさしさ」といったものの土台となっているのは、やはり「怒りをマネジメントできる力」です。

たとえば、カチンとくるようなことに遭遇し、その時の怒りの感情を野放しにしてしまえば、どうでしょう。

ムカっとくればそのまま表情に出し、イライラしていれば態度にも出す。そういう人を「包容力のある人」とか、「やさしい人」とは思えないはずです。

一方、感情をマネジメントできる人は、そうした怒りを不必要に表に出すことはしません。腹の中では、ムカッとしていても、できるかぎりそれを見せない。

だから、まわりには「包容力のある人」とか、「やさしい人」と映るのです。

「怒らない人」が結婚できる理由

さらには、怒りをマネジメントできるようになると、結婚がしやすくなります。

これは、婚活をしている私の知人たちに、私がしょっちゅう言っていることです。

怒りをマネジメントできるようになると、だんだんと物事に対する許容度が広がっていくのです。

「はじめに」でも少しふれましたが、「怒り」とは、簡単にいってしまうと、考え方・価値観の違いから生まれるものです。

「怒りをマネジメントする」ということは、「考え方・価値観」が柔軟になるということとイコールといっても過言ではありません。

「結婚したい」と思い、積極的に婚活を行っているのに、なかなかうまくいかないという人は、あまりにもパートナーを選ぶ際の許容度が狭いのです。

「ここがイヤ」「あれがダメ」と、相手に対してダメ出しばかりをしている。「これは許せない、耐えられない」というものがあまりにも多すぎるのです。

許容度が狭ければ、それだけ選択肢も減ってしまうことになります。ごくごく狭い選択肢のなかで、気の合う相手をみつけるのは、そう簡単なことではありません。

だから、私がみなさんによく言うのが、「許容度を広げたほうがいいよ」。

これは、理想のレベルを下げる、ということではありません。

受け入れられる範囲を広げる、ということです。

いかがでしょう。

怒りをマネジメントできるようになると、仕事でもプライベートでもたくさんのメリットがあるのです。

では、次の第3章からマネジメントすべき「怒り」という感情はどういう感情かについて詳しくご説明していきましょう。

第3章

なぜ、人は怒ってしまうのか？

意外と知らない「怒り」のメカニズムを知る

怒りは一瞬で生まれるものではない

身近だけどやっかいで、だからこそマネジメントしなければいけない感情――「怒り」とは、そもそもどのようにして生まれてくるのでしょうか。

「怒り」の感情を感じるとき、私たちは次の三つの段階を踏みます。

【第1段階】出来事との遭遇
【第2段階】出来事の意味づけ
【第3段階】「怒り」の感情の発生

「怒り」が生まれる3段階

第1段階 出来事との遭遇

▼

第2段階 出来事の意味づけ

▼

第3段階 「怒り」の感情の発生

第1段階の、「出来事との遭遇」とは、なんらかの出来事を目にする、耳にする、あるいは、誰かになんらかの言葉を言われる、自分自身がなんらかの体験をする……といったことです。

実は、こうした出来事そのものが、私たちを怒らせているわけではありません。

たとえば、駅のホームで並んで電車を待っていて、さあ乗るぞというときに、後ろからきた人がヒョイッと割り込んできた。

そのとき、烈火のごとく怒り、相手に強く抗議する人もいれば、「なんだかな〜」くらいですむ人もいます。中には、まったく何も感じない人もいるでしょう。

同じ出来事でも、「怒る人」もいれば「怒らない人」もいるのです。

出来事はあくまでも出来事でしかありません。

そのように、出来事を単なる「出来事」ですませられれば、人間のなかに「怒り」を含めたいろいろな感情は生まれてこないでしょう。

けれども、人間は「思考する」動物です。

ですから、自分が遭遇した出来事に対して、「これはどういう意味があるのか」を自分の価値観や考え方を基準にして、意味づけをしようとします。

これが、第2段階の「出来事の意味づけ」です。

ここでその出来事に対して、「許せない」「間違っている」と意味づけたとき、そこに怒りが発生するのです。

これが第3段階の「『怒り』の感情の発生」です。

そう、怒りとは、熱いものにさわって思わず手を引っこめるような一瞬の反応で生まれるわけではありません。段階をへて生まれてくるのです。

あなたを怒らせているのは、実は「あなた自身」

私たちは、何か怒りを感じるとき、そのきっかけとなった出来事や人物、発言などにすべての原因があると考えがちです。

＊「なんであんな言い方するのよ！　ムカつく」
＊「今日中に、これだけの量の仕事をふるなんて！　ふざけるな！」

これらの怒りの言葉はどれも、「相手の言い方」や「相手の仕事のふり方」に問題があるととらえています。

「非はすべて相手にある」と思っています。

でも、その人にとって腹の立つこと、カチンとくることは、必ずしも、ほかの人にとってもそうだとはかぎりません。

同じ言葉を言われても、同じ仕事を同じスケジュールでふられても、同じ態度をとられても、人によって、とりたてて怒りを感じないということもあるのです。

みなさんも、頭にきて友人や家族などに相談したものの、逆に「どうして、そんなことで腹を立てるの？」とたしなめられた経験が一度や二度はあるのではないでしょうか。

私自身も、会社のスタッフに仕事をお願いしたときに、「考えさせてください」と言われてしまうと、一瞬、ムッときます。それを友人に話したら、彼は別に何も感じないといっていました。

何に怒りを感じるのかは十人十色。あなたを怒らせているのは、第1段階の出来事そのものではありません。

第2段階の「出来事の意味づけ」にかかっているのです。

だから「怒り」は外からやってくるものではありません。

あなたを怒らせているのは、本当は「あなた自身」なのです。

「あなた自身」が、それをどうとらえるか、なのです。

「怒り」は、アレルギーと似ている

同じ経験をしても、怒る人も怒らない人もいる

私はかれこれ10年近く「怒り」というものをテーマに仕事をしてきました。

そんな私がセミナーなどで怒りのしくみを説明するときによく言うのが、

『怒り』は、アレルギーと似ている」

ということです。

花粉症やぜんそく、アトピー、動物アレルギーなど、私たちの身近な病気となったアレルギー。アレルギー反応を起こす原因のアレルゲンは人によってそれぞれです。花粉だったり、ダニやほこりだったり、食べ物だったり、金属だったり、ペットだったり……。

しかし、「花粉」や「ほこり」や「卵」や「ペット」が悪いわけではありません。すべては、普通に自然界に存在するものです。また、すべての人にとってアレルギーを引き起こすわけではありません。

まさに「怒り」も同じなんです。

私たちは日々、怒ったりイライラしています。しかしその原因・理由は人それぞれです。くり返しますが、同じ出来事に遭遇しても、怒る人もいれば、怒らない人もいるのです。

待ち合わせに部下が自分より早く着かなかっただけで怒る人がいます。時間にさえ間に合えば、それでいいと思う人がいます。

おしゃべりしながら仕事をしている人を見ると、まじめに仕事しろ、とカチンとくる人もいれば、明るくていいねと思う人もいます。

人それぞれ、さまざまな種類のアレルゲン（出来事）にアレルギー反応を起こし（怒りという感情を生み出し）、苦しんでいるのです。

結局のところ、いわゆる「怒りっぽい人」というのは、何かに出くわした際に、「怒

「怒り」は「アレルギー」に似ている

[アレルギー]

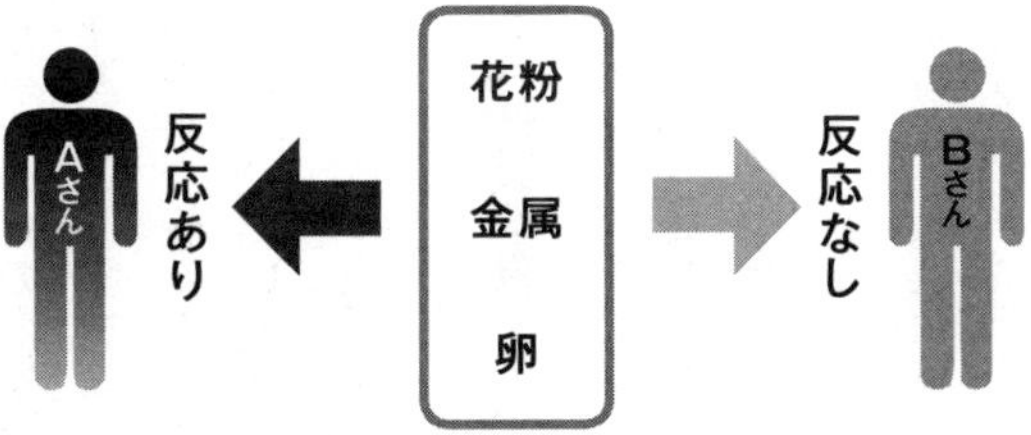

「花粉」や「金属」や「卵」などの「アレルゲン」が悪いのではない。単にAさんが、「花粉」「金属」「卵」に反応しやすい体質なだけ

[怒り]

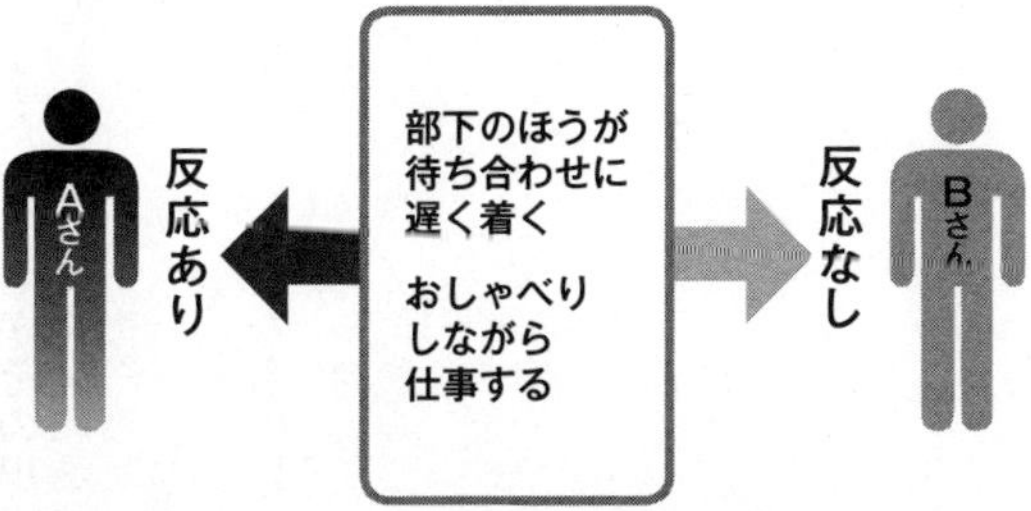

「出来事」が悪いのではない。単にAさんが、「出来事」に「怒り」という反応をしているだけ

る」という反応が出やすい人だといえます。

だから、出来事そのものが悪いわけではありません。また、誰もがその出来事で怒るわけでもありません。

人それぞれの理由で怒るのです。

怒りっぽい人とは、アレルギー反応が多すぎてつらい人。いろんなものにアレルギー反応を起こしてしまっている人のことなのです。

「対症療法」と「体質改善」で、怒らない人になれる

アレルギーの治療法には、大きく分けて二つあるといいます。

それは、「対症療法」と「体質改善」。

花粉症にしろ、アトピーにしろ、その症状が出ているときは、非常につらいものです。いますぐ、この症状をなんとかしたい。

そのときに行うのが、「対症療法」です。

多くは「投薬」という方法がとられます。目がかゆい、鼻水が止まらない、蕁麻疹《じんましん》が出

る、咳《せき》が止まらない……といった症状を緩和させる薬を投与します。

一方で、それで症状が治まっても、また同じ状況になれば、同じ症状が出る可能性があります。

なので、同時に、アレルギーを引き起こす体質そのものを改善していく必要があります。

それが「体質改善」です。

生活習慣を見直したり、食事療法を行ったり、漢方を煎じたり……。自分の体そのものを、アレルゲンに対応できるものに変えていくのです。

つまり、
実は、怒りのマネジメント術もアレルギーの治療法と同じです。

- **自分の中に生じた「怒り」という感情をとりあえず即効で抑える「対症療法」**
- **「怒りやすい」という自分の性質そのものを変えていく「体質改善」**

この二つです。

第4章では「対症療法」の方法を、第5章では「体質改善」の方法を紹介します。

この二つからアプローチし、「怒り」というものをきちんとマネジメントできる自分になっていくのです。

対症療法だけでは、結局「怒りっぽい」という体質は変わりません。

対症療法をせずに、体質改善をいきなりしようとすると、苦しくて、挫折しがちです。

ですから、「対症療法」と「体質改善」の二つを組み合わせて、怒りのマネジメント術を行っていくのです。

「心のメガネ」がゆがむと、現実もゆがむ

人はそれぞれ異なる「心のメガネ」をもつ

怒りのマネジメントをする際、本当に重要なのは、やはり「体質改善」のほうです。「怒りにくい体質」になれば、対症療法は不要になります。

その「体質改善」を行うとき、とても大切なポイントがあります。それが、76ページの怒りが発生する3段階のうちの第2段階「出来事の意味づけ」です。

この「意味づけ」しだいで、怒りが発生するもしないも決まってくるのです。

ですので、ここからは「出来事の意味づけ」について、もう少し詳しくお話ししましょう。

「意味づけ」において、重要な役割を果たすのが、「コアビリーフ」と呼ばれるもの。「心のメガネ」のようなものといったところでしょうか。

あなたが、どの心のメガネをかけるかによって、同じ景色でも見え方が変わるのです。心のメガネがゆがむと、現実もゆがみます。

あなたが「信じていること」、あなたにとっての「ルール」、あなたが「常識」と考えているもの……などなど。それがコアビリーフです。

こうしたコアビリーフに照らし合わせながら、私たちは日々遭遇する出来事に対して、意味づけを行っています。

たとえば、私の知人に、「公の場でお化粧をするのはマナー違反だ」というコアビリーフをもっている女性がいます。

そんな彼女の心のメガネから見ると、「電車でお化粧をしている女性」は「不愉快！」に見えるわけです。

一方で、そうした心のメガネをもたない人は、お化粧する女性たちを見ても、「いい」も「悪い」も感じないことでしょう。

電車で読書したり居眠りしたりしている人に対するのとなんら変わらない存在として目

に映っているのだと思います。

このように、それぞれがもつ心のメガネによって、同じものを見ても、まったく違う感じ方となるわけです。

あなたもまわりも不幸にする「心のメガネ」に気をつけよう

心のメガネそのものは決して悪いものではありません。

どのような心のメガネでモノを見ようとも、その人の自由であり、基本的に、「正しい」も「間違っている」もなく、「いい」も「悪い」もないのです。

ただし、時と場合によっては、適切とはいえない心のメガネも存在するのです。

それは、その「心のメガネ」をかけていると、あなた自身も、そして、まわりの人も苦しめてしまうような場合です。

たとえば、ある人が、「自分は職場で一番の経験者なのに、メンバーがあまり自分の意見を尊重してくれない」と不満に思っていたとします。

そう思えてしまうのは、その人が、「もっとも経験がある人を、まわりは立てるべきだ」という心のメガネで現実を見ているからです。

けれどもその心のメガネで物事を見続けることで、ちょっと意見が通らなかっただけでカチン、経験の浅い人がエレベーターに先に乗っただけでムカッ、とつねに怒りにさいなまれてしまいます。

さらに、その怒りをまわりにぶつけていれば、ほかのメンバーとの衝突も絶えないことでしょう。

こうなると、この人の心のメガネは、本人にとっても有害であるばかりか、まわりの人さえもストレスフルな状況に陥れていることになります。

こうした場合は、適切な心のメガネとはいえないでしょう。

「ゆがんだメガネ」は直せばいい

アンガーマネジメントでは、怒ることを完全否定しているわけではありません。

それは以前にも述べたとおりです。

適切な心のメガネ・コアビリーフであれば、どうしてもというときには、それを守るために怒ってもいいと思っています。

しかしながら、あなた自身も、そして、あなたのまわりの人々も不愉快な思いをするようなゆがんだ心のメガネ・コアビリーフであれば、別です。

心のメガネがゆがんでいて、自分がつらくなったり、人間関係が悪くなるなら、変えていこうということです。

心のメガネのゆがみに気づき、ゆがみを直していかないと、あなたも、まわりの人も不幸です。

そのための具体的な方法については、第5章で詳しく紹介します。

自分の地雷は「心のメガネ」でわかる

誰しも「つい怒ってしまうポイント」がある

この心のメガネをよくよく見ると、それには傾向があります。

さまざまな言葉や態度、状況などのなかで、怒りを引き起こしやすいものというのがあるのです。

たとえば、

・「君は、○○大学卒かね」と学歴をきかれただけでムッとくる
・東大卒の官僚の不遜な態度にカチンとくる

・医者や弁護士がモテるとムカつく

といった心のメガネをもっている人の傾向は、「学歴」です。

こんな具合に、それぞれの人がそれぞれに、怒りを引き出しやすい「何か」をもっているものです。

これをアンガーマネジメントでは、「トリガー（引き金）」と呼んでいます。

怒りの感情が生じる怒りの「きっかけ」のようなもの。地雷のようなものといってもいいかもしれません。

私の例でいえば、先ほど、私は、「考えさせてください」と言われたときに腹が立つといいました（80ページ）。

これは、「結局あとから断るんだろ」という心のメガネがあります。

けれども、もっと突き詰めていくと、「あとから断るなら、いま、言ってほしい」という考え方があるのです。

また、私は、「人を待たせるのはよくない。時間どろぼうだ」という心のメガネをもっています。

そう、私は「待たされるのが嫌い」という心のメガネもっているのです。

こういった私の「心のメガネ」の数々から推測するに、私は、「時間のムダ遣い」がトリガーであり、地雷です。

要は「せっかち」なのです。

自分の地雷で自滅しないためにできること

結局、コアビリーフにしても、トリガーにしても、その人がこれまでどういう人生を歩んできたのかが大きく関係します。

とりわけ、「トリガー」の場合、その人が過去に経験した、思い出したくないようなつらいトラウマ経験が大きく関わっていることも少なくありません。たとえば、自分のある行動によって、他人からひどく傷つく言葉を言われた、とか。

そうした**つらい経験があるがゆえに、同じような場面に遭遇したときに、同じ苦しみをくり返さないために、「怒り」という感情で防衛する**わけです。

とはいえ、同じような場面に遭遇したからといって、そのときと同じ出来事が再びくり返されることはめったにないと思います。

なので、自分にとって怒りのトリガーになってしまう出来事や言葉、態度などに対して、いちいち腹を立ててしまうのは、エネルギーのムダ遣い。とてももったいないことです。怒りをマネジメントしていくには、こうしたトリガーに振り回されない自分をつくっていくことも重要です。

もちろん、トリガーはこれまでの自分の過去に起因した根深いものですから、そう簡単には消滅してくれません。

けれども、自分自身のトリガーに気づくだけでも、怒りへの対処のレベルは格段にアップします。

というのも、「自分にとってはこれがトリガーだ」とわかれば、そうした状況に遭遇したときに、怒りが長引かないように、あるいは強くなりすぎないように、なんらかの手を打ちやすくなるからです。

「怒らない人」になるために大切なたった一つのこと

まず、自分を変える

怒りのマネジメントの具体的な方法を説明するその前に、どうしてもみなさんにお伝えしておきたいことがあります。

それは、怒りのマネジメントに取り組むことで、「何」を変えていくか、です。

それは、「あなた自身」です。あなた自身を変化させていく。

「怒らない人になれる」というと、まわりが自分の思いどおりに動いてくれるようになり、その結果、自分は怒らずにすむようになる、と誤解している人がいます。

実際は、その逆です。

まず変わるのはあなた自身です。

あなたが変わったことによって、結果的にまわりの気持ちを変え、気がつくと自分の希望どおりに物事が進んでいた、ということもあるでしょう。

しかしそれは、あなたが変化したことで得られた結果です。まわりを変えることで得たものではありません。

まず、自分を変えていく。

これがアンガーマネジメントでは重要なのです。

「他人を変えよう」「世の中を正そう」を目指さない

「自分を変えていこう」という話をすると、「逃げなんじゃないですか?」「泣き寝入りなんじゃないですか?」という人がいます。

けれども、私がアンガーマネジメントで目指していることは「いかに自分がイライラしないでいられるか」というセルフマネジメントです。

そしてその結果、成功や幸せが自然と手に入ることです。

世の中を正そうとか、誰かを変えようとか、それを第一義にはしていません。

そこを読み間違えてしまうと、「逃げなんじゃないの?」「泣き寝入りなんじゃないの?」という発想にいきついてしまうんです。

「他人を変える」とか「世の中を正そう」とかも、たしかに、できるのかもしれません。ただ、できるにしても、時間も労力もかかります。

だったら、他人を変えるよりも、自分を変えるほうが圧倒的にスピードは速い。

なぜなら、自分だったら変えるのは「一人」ですが、他人を変えようと思ったら、一人以上、さらに「世の中正そう」なんていったら、地球上の人口約60億人を変えていかなければいけません。

自分を変えるほうが、他人を変えるよりも圧倒的に速いんです。

そして、エネルギーもかからない。

もっと少ない時間とエネルギーで自分自身を変えていけば、これまでのイライラした毎日から解放されるのです。

アンガーマネジメントが目指すのは、まさにそれです。

第4章

「いま」「この場」の怒りをなんとかする

とっさの怒りは数値化するだけで小さくなる

まずは、怒りを抑える薬が欲しい

怒りのマネジメントには、大きく分けて二つの手法があります（84ページ）。

カチンときた、ムッとしたなどの瞬間の怒りを抑える「対症療法」と、つい怒りの感情が生まれてしまう原因となる考え方・価値観を見直す「体質改善」の二つです。

私はアンガーマネジメントを教え始めたころ、「まずは、体質改善をしましょう」と言ってきました。

なぜなら、体質改善をして、「怒り」を生み出さない考え方や価値観をもつようにしないと、いつも同じような場面で、同じような人に怒りを抱いてしまうからです。

ですが、いまは逆です。**まずは「対症療法を覚えましょう」と言っています。**

それは、なぜか。

私のセミナーにきていた、とあるビジネスパーソンのケースです。

「最近、よくイライラするんです」「しょっちゅうまわりの人とぶつかるのは、私にも問題があるのでしょうか」とセミナー後、相談にきた男性がいました。

その後、個別指導を申し込んできた彼は、開口一番、

「ムッときて、ついよけいな一言を返してしまうのをやめる方法ありませんか？」

「頭に血が上って集中できないときに、冷静さを取り戻す方法ありませんか？」

と、とにかく「とっさの怒りを鎮める方法」を熱望したのです。

そう、**「体質改善」の方法ではなく、「対症療法」を必要としていたのです。**

そして、それは彼だけではありませんでした。

その後も、多くのセミナー受講生や講演会に出席した方が「カチンときて声を荒らげる」「売り言葉に買い言葉」、「怒って行動が荒くなる」などの〝とっさの怒り〟を防ぐ方法を習得したいというのです。

アンガーマネジメントを必要としている人は、まず、「いま」「この場」の怒りが、とり

あえずおさまることを望んでいるのです。

つまりは体質改善の前に、とにかく**症状がある程度抑まらないとつらい**のでしょう。

花粉症の鼻水がダラダラ、くしゃみが止まらない人に、その症状を止める薬を出さずに、体質改善を進めているようなものです。

だから、まずは、「対症療法」。

対症療法で症状を抑えることが体質改善にとっても大切なのです。

この章では、たった「いま」、あなたが「この場」で感じている怒りをすばやくおさめる対症療法のマネジメント術をご紹介していきましょう。

怒りは、レベル分けするだけでスーッと消えていく

では、まず、セミナーでお話しして、「実用的！」「イライラが消えた！」ともっとも好評なテクニックをお教えしましょう。

それは、**「いまの怒りをレベル分けする」**です。

怒りにはさまざまなレベルがあります。

「怒り」と一口にいっても、すべて同じ強さではないのです。

ちょっとカチンときて、「すぐに忘れてしまう程度の怒り」もあれば、「5年も10年も尾を引くようなしつこい怒り」もあります。

あるいは、腹の中で「ったく！」と思うくらいですむものもあれば、相手をなじってやりたい、物を投げつけてやりたいという衝動に駆られるくらいの強い怒りもあります。

怒りの感情はとても幅広いのです。

そこで、**イラッとか、カチンとか、ムカッなどの怒りの感情を感じたら、それがどの程度の強さなのかを、0～10段階のレベルに分けてみるのです。**

たとえば、「これは、ややイラッときている程度だから、レベル2くらいかな」という感じです。

これが、「いまの怒りをレベル分けする」という方法です。

あなたのいまの「怒り」は何点くらいですか？

まったく下準備のないまま、「怒りをレベル分けしましょう」と言われても、ちょっと難しいかもしれませんね。

なので、あらかじめ「1点とは、『ムッとする』くらいの怒り、2点とは、『イラッとくる』怒り、3点とは、……」という具合に、だいたいのレベルを設定しておくといいと思います。

レベル設定の例をあげるならば……

0点…………穏やかな状態
1〜3点……イラッとする、不愉快、うっとうしい
4〜6点……怒り、イライラする、腹が立つ
7〜9点……カーッとする、動揺する、激怒、爆発寸前
10点………爆発、震えが止まらない、憤怒

これはあくまでもサンプルです。

ですので、あなたの感性で、怒りのレベルを設定してみてください。

また、ここでは数字をいくつかまとめていますが、もっと細かく、1点ごとに怒りを定

「怒り」をレベル分けする

レベル	
10	爆発、震えが止まらない、憤怒
9 8 7	カーッとする、動揺する、激怒、爆発寸前
6 5 4	怒り、イライラする、腹が立つ
3 2 1	イラッとする、不愉快、うっとうしい
0	穏やかな状態

※レベルの設定は、自分なりの感性で設定していい。
※１段階ずつ定義してもＯＫ。

※怒りを感じるたびに、「この怒りのレベルはどれくらいかな？」と考える。

義していくのもいいと思います。

そして、怒りを感じるたびに、「この怒りは、どのレベルかな?」と考えてみるようにしましょう。

「点数をつける」行動そのものが、怒りを鎮める

私の協会で実施しているアンガーマネジメントのセミナーでは、必ずこの「いまの怒りをレベル分けする」をやってもらうようにしています。

すると、セミナー後もそれが習慣となった受講生たちから「怒りに点数をつけるようになってから、その場で感じた怒りをかなり鎮められるようになった」という感想をもらうことが少なくありません。

これは、

・怒りのレベルが低いと判断すると、「こんなことで怒ってもしかたがないな」と我に返ることができる

・「この怒りは、レベル4かな。いや、この間の怒りが4なら、これは3だろう」と考えることで、意識が目の前の怒りにいかず、その間におさまっていく

といった効果があるからです。

この習慣は、怒りをマネジメントしていくうえで、非常に役立ちます。それだけで怒りとの付き合い方がだいぶ変わってくるはずです。

これをくり返していくうちに、そのたびごとに「怒りの程度」をかなり正確に把握できるようになり、怒る回数は格段に減っていくことでしょう。

あなたが日々感じている怒りは、それほど強くない

怒りのレベル分けが習慣になると、自分がふだん感じている怒りは、それほど強くないことにも気づかされます。

毎日の生活のなかで、相手を怒鳴りちらしたり、相手を傷つける暴言を吐いてしまったりするくらいの強い怒りを感じることは、実はさほどないのです。

ちょっと意識すれば、自分でラクにマネジメントできるような怒り——私たちが日々感じている怒りの大半は、その程度のものだったりするのです。

そうしたことに気がつくことで、「自分は怒りともっとうまく付き合っていける」という自信をもてるようになります。

もちろん、点数をつけはじめたばかりのころは、「かなりムカついたから、8点！」とか、怒りそれぞれに高い点数をつけてしまいがちです。

でも、くり返すうちに、「あのとき、あの程度で8点をつけたけど、いまの怒りは、その数倍もある。ということは、あれに8点は高すぎたんだな」という発見をたびたびするようになります。

そうした経験を何度かすると、しだいに点数のつけ方も整っていきます。ある程度、天井を見ながら点数がつけられるようになり、点数も適切なものになっていくのです。

言葉による消火活動を試みる

自分独自の「魔法の言葉」を用意しておく

ここからは、怒りのレベル分けと併用してやってほしい、「とっさの怒り」に対応するテクニックです。

自分の心を落ち着かせる「魔法の言葉」を用意しておくという手法です。

たとえば、イライラしているとき、大好きな恋人や友人に、「わかるよ」「君は悪くない」と言われたら、スーッと落ち着いたという経験はありませんか。

そういった心を落ち着かせる言葉をあらかじめ用意しておいて、怒りを感じたときに自分に言うのです。

この「魔法の言葉」は、自分の心を落ち着かせるものであれば、なんでもかまいません。

たとえば、私が以前、よく使っていたのが、

「まあ、明日には忘れてるから」

「たいしたことない」

などの言葉です。

この言葉を自分にかけてあげることで、心がだいぶ軽くなります。怒りの勢いを弱め、いつもの冷静な自分を呼び戻すことができます。

ちなみに私の最近の「魔法の言葉」は、「アンガーマネジメント」という言葉そのものです。

こうつぶやくことで、「アンガーマネジメントをすれば、うまくいく」と、自分に気づかせることができるからです。

人間ですからイライラするのはしかたのないことです。大切なのはそのあと。それに気づかせてくれたのが「アンガーマネジメント」です。だからこそ「アンガーマネジメント」という言葉は、私にとって「魔法の言葉」になるのです。

「いまはやめておこう」で、怒りにブレーキをかける

私の知り合いの話です。

その女性は、対人関係で腹の立つことがあり、その怒りが爆発しそうになったときには、

「いまはやめておこう」

とつぶやくといいます。

なぜなら、**怒りを感じているとき、人間は冷静さを失っています。そんなときに、何か行動を起こしてしまえば、ロクな結果にならない。**

だからその人は、自分自身に「いまはやめておこう」と言いきかせるのだそうです。

そして、落ち着いて考えられるようになって、それでも、相手の言動が納得いかないと感じたときには、その思いを伝える。

冷静さを取り戻した分、相手とも建設的な話し合いができるといいます。

カチンときて、怒りが走り出しそうなときに、ブレーキになる言葉を、平常時から考えておきましょう。

心の中で「犬のうんこ、ふんじまえ」と「かわいい毒」を吐く

怒りを感じたとき、自分の気持ちを鎮めるために、「『かわいい毒』を吐く」という方法もおすすめです。

ただし、口に出して言ってはいけませんよ。あくまでも、自分の心の中で悪態をつくのです。

ちなみに、最近の私のマイブームは、「犬のうんこ、ふんじまえ」。

電車などの公共の場で、やたらと失礼な態度をとる人を見かけたりすると、心の中でそんな悪態をついています。

なんだか子どものケンカのような悪態で、言った相手も、言っている自分もほほえましく思えてきて、気がつくと怒りもどこへやら……という状態になっています。

たとえば、日々の生活のなかで、「どうしてそこまでするかね……」と思うくらいに、感じの悪い人に遭遇するときがあります。

職場で、仕事の取引先で、道を歩いていて、たまたま入ったコンビニで……などなど。

こういうときの怒りは、持続することはめったにないものの、瞬間的な怒りのレベルは相当なものになります。

まさに、瞬間湯沸かし器のようにカーッと激しい怒りを相手に感じる。

そんなとき、「この人を、なんとかこらしめてやりたい！」とふつふつと思う人もいるでしょう。

でも、ここで怒りの衝動のままに行動してしまえば、エネルギーのムダ遣い。

実際、「こらしめる」という行動に出てしまえば、事が大ごとになってしまいかねません。行動したあとで後悔しても後の祭りです。

けれども、先ほどの「魔法の言葉」で自分を落ち着かせたり、励ましたりするだけでは気持ちがおさまらないこともあるものです。

そこで、「かわいい毒」の出番です。

「この人、こんなつまらないことを、チクチク言うから、嫌われるんだよ」

「きっと、今朝、鬼嫁とケンカでもして機嫌が悪いんだろうな」

「ぷっ、モテないんだろうな、この人」

そんな具合に、自分の都合のいいように解釈して、心の中でギャグをはさんだ悪態をつく。これだけでかなり気持ちがすっきりします。

毒は毒でも「かわいい毒」というのがポイント。

単なる毒では、怒りがヒートアップしがちです。

だから、「ふざけるな」「ばかやろう」とストレートに言うのではなく、あくまでも「犬のうんこ、ふんじゃえ」とか「お前の母ちゃん、でべそ」レベルの悪態というのがポイントなのです。

怒りのパワーの矛先を変える

思考回路という川の流れをせき止める

ここからは、怒りのレベル分けで、だいぶ強い怒りを感じたとき、瞬間的に高い怒りを感じたときにおすすめの方法です。

前項の「言葉で怒りをなだめる」方法では難しいときにやってみてください。

そもそもどうして私たちが怒りを感じてしまうのかというと、目の前の出来事に対して、自分のコアビリーフに照らし合わせて意味づけをしてしまうからです（88ページ）。

ということは、目の前の出来事に対して、よけいな意味づけをしなければ、怒りの感情は発生しないはずです。

それには、思考停止です。

思考回路という川の流れを遮断するのです。

頭をからっぽにすることで、「出来事への意味づけ→怒りの発生」という流れを遅らせる、あるいはストップさせてしまうのです。

意味づけが起こらなければ、目の前の出来事は、単なる「出来事」になります。そこには、あなたを怒らせる要素はありません。

そうなれば、カチンときた相手に対して、よけいな一言を言ったり、したりという衝動を止めることができます。

一枚の白い紙を強くイメージする

まず、衝動的な強い怒りを感じたときにやってみてほしいのが、「頭を真っ白にする」という方法です。

自分の中にカーッと怒りがこみ上げてくるのを感じたら、意識的に「思考停止」の状態に入るのです。

方法は、簡単です。怒りに体全体が乗っ取られそうな気配を感じたら、心の中ですぐに「ストップ！」と唱える。

このとき、声にこそ出しませんが、心の中でものすごく強く唱えてください。暴走する車を、両手を広げて必死になって止めようとする感じです。

これを合図に、とりあえず、あらゆる思考をストップします。

とはいっても、本当の意味で「何も考えない」というのはちょっと難しいでしょう。「考えない」と思っても、あれやこれや雑念が浮かんでいます。

ですから「イメージの力」を借りましょう。

たとえば、頭の中が「一枚の真っ白な紙」になっているのをイメージする。あるいは、頭の中がまったくからっぽになっている状態をイメージする。

こうしたイメージの力を借りると、「何も考えない」という状態がつくりやすくなります。

英語で数を数える

「怒りが発生する流れを遅らせたり、ストップさせる」ための方法として、頭をからっぽにするのとは逆に、別の思考でいっぱいにしてしまう、というやり方もあります。

私がみなさんによくおすすめしているのが、「数を数える」という方法です。

この場合、「1、2、3……」などの簡単なものよりも、やや手の込んだもののほうがいいでしょう。

たとえば、100から3ずつ引いていって、「100、97、94、91」と逆算していくとか、あるいは、英語で数字を逆算していくのです。

こうした手間のかかる計算を頭の中でしているとき、意識はその計算のことでいっぱいです。そちらに意識は集中します。

ですので、その間、出来事に対して意味づけしている余裕がなくなります。

その結果、「怒り」の感情が発生するのを遅らせたり、ストップさせたりできるのです。

話している相手にムカついたら、ケータイの傷を数える

ある有名芸人さん司会のテレビ番組内で、「もしものときに役に立つ知識」のコーナーに私が出演させていただいたときのことです。

番組収録の前に、スタッフさんと打ち合わせをします。そのとき、「イライラしたときに、それを鎮める方法はないか」とたずねられ、もっともスタッフさんたちに好評だった方法を紹介しましょう。

それが、**「ケータイの傷を数える」**という方法です。

たとえば、打ち合わせで、こちらの足元をみた相手の態度に腹が立っているとします。そんなとき、「この間と言っていることが全然違うじゃないか」と思ったり、「今度、違う要求を言われたら、どうやって言い返してやろうか」などと考えて、打ち合わせの内容が頭に入ってこない。

このようにイラついている自分を感じたら、持っているケータイをじっくり観察して、傷の数を数えるのです。

するとケータイの傷を数えている間は、あなたの意識は「いま、ここ」にあります。

「いま、ここ」にくぎ付けにされている状態です。

実は、この「状態」が重要です。

「いま、ここ」に自分の意識をくぎ付けにすることで、あなたの頭の中で、過去のことを持ち出して、思い出し怒りをしたり、未来への報復に意識が飛んでいくのを阻止することができます。

そして、いったん心が沈静化してから、打ち合わせに集中すればいいのです。

この**「目の前の物を観察する」という方法は、怒りの感情が次から次へとわき上がってきて、なかなか仕事に集中できない、といったときにいい方法です。**

ペンや携帯電話、パソコンのキーボード、時計……。

目の前にあるものだったらなんだってかまいません。

そういった目の前にある「何か」をじっと観察しましょう。

「耐えられない怒り」からは、逃げてしまう

どうにもこうにも怒りがおさまらないなら、その場から離れる

私たちが日々感じる怒りのなかには、ここまで紹介した「怒りを鎮める方法」のどれをやってみても、そう簡単には抑えることができないものもあるでしょう。

私のところのセミナーにきた男性のケースです。

彼は、会議で他部門のスタッフからかなりムチャクチャな要求をされました。それは、現状からすると、とても受け入れられるものではありませんでした。

「ちょっと待ってくださいよ。そんな余裕、いまのうちの部署にはありません」。そう懸命に訴えても、相手はまったく聞く耳を持ってくれない。それどころか、語気を強めて、

「できないなんて言うな。死ぬ気でやれ」と圧力をかけてくる始末……。

ここでこの言葉に、怒りが頂点に達し、思わず本気でケンカのような言い合いになり、よけいに話がこじれてしまったそうです。

その話をされたときに、私がおすすめしたのは、

「いったん、その場を退席する」

という手法です。

どうにもこうにも怒りがおさまらない。体中が怒りの炎で真っ赤に燃えている。怒りもこのレベルに至ったら、魔法の言葉を唱えるでもなく、「頭を真っ白にする」ことでもなく、ケータイの傷を数えることでもありません。

あなたのなかの怒りの感情に点火した対象からとりあえず離れるのです。

逃げることは上策である

ビジネスの場では特に、「え⁉　その場から退席するなんて、非常識ではないの？」と驚く人がいます。

しかし、よく考えてみてください。

お互いに、カーッとなっている状態で、建設的な話し合いができるでしょうか。

しかし、「逃げる」という行為によって、お互いに一度距離を置くことができると、頭を冷やすことができます。冷静な気持ちを取り戻すことができます。

その状態になってから、もう一度、議論をしなおせばいいのです。

冷却時間を設けずにそのまま話し合いをつづけるよりも、このほうがずっとはるかに建設的に話し合うことができるはずです。

あるいは、「逃げるのは、みっともない。負けた気がする」という人がいます。

中国の兵法に「逃げるは上策」という言葉があります。

「逃げてはだめだ」と、怒りを抱えたまま我慢してその場にとどまりつづけても、たいていが負け戦になります。

耐え切れなくてついに怒りが爆発すれば、相手と激しい怒りの応酬になることもあります。そうなれば、復旧できないほど人間関係に大きなヒビが入りかねません。

ならば、「逃げるは上策」です。

それは、自分にとっても相手にとっても、幸せな人生を歩んでいくための「戦略」なのです。

こうした「逃げる」という方法を、アンガーマネジメントでは、「タイムアウト」と呼びます。


逃げるときには、必ず「タイムアウト」を宣言する

ただし、「逃げる」といっても、何も言わずにその場を去ってしまうのはいけません。

また、「おまえの顔なんて、もう見たくない！」など捨てゼリフを残して去るのも、アンガーマネジメントとはいえません。

「逃げる」の大原則は、相手に「これからタイムアウトをとります」ときちんと伝えることです。

「ごめんなさい。この議論を、一時中断してもいいですか？　このまま続けても、私自身、冷静に議論をすることができそうにありません。少し頭を冷やしてきたいので、時間をください。

時間は……、そうですね、一時間ほどいただければうれしいのですが、いかがでしょうか。戻ってきて、もう一度、この件について話し合わせていただければと思います」

タイムアウトをお願いする場合に、ポイントなのが、「どれくらいで戻ってくるか」を必ず伝えることです。

タイムアウトの期限をしっかり伝えるのです。

また、「冷静でないのは、あくまでも自分」というスタンスも大切です。

「お互いに冷静になりましょう」とか、「あなたにもっと冷静になってもらいたい」では、相手をますます怒らせてしまいかねません。

あくまでも、「自分の都合でのお願い」という姿勢で、タイムアウトを申し出ます。

逃げる間にやってはいけないこと

最後に、タイムアウトをとっているときの過ごし方です。

このときに、大切なのは「リラックス」です。

そして、先ほどの議論のことは、一時的に「一切、忘れる」くらいの気持ちでいましょう。

「どう言えば、言いまかせるかな」と次の戦略を練ったり、「なんで、あんなことを言わなくてはならないんだ」と、先ほどの怒りをふつふつと思い出すのはよくありません。

それでは、せっかくタイムアウトをとった意味がありませんからね。

散歩をしたり、ジョギングをしたり、お茶を飲んだり、好きな音楽を聴いたり……と気分転換をしながら、楽しいことだけを考える。

このようにして自分の怒りの感情を鎮めていくのです。

そうすれば、タイムアウト終了後、相手に対して、余裕をもって接することができます。

なお、気分転換といっても、アルコールはご法度《はっと》です。

飲酒はリラックスどころか、怒りをさらに強めてしまうことになりかねません。

自分を苦しめる「しつこい怒り」を消す

思い出すたび怒りが増大する「しつこい怒り」

どうしてもイライラしてしまう、いつまでもムカムカして集中できない、ということは、みなさんも経験されたことがあるのではないでしょうか。

たとえば、数日前に上司から言われた嫌みが頭から離れず、思い出すたびに、「どうして、俺があそこまで言われなくちゃならないんだ」と腹が立つ。

さらには、「どうやってこの怒りを晴らしてやろうか」と、意識は未来の報復にまで及んでしまう。

怒りの感情のなかには、発生したもののいつのまにか消えていってしまうものもあれば、

その後もズルズルと引きずるものもあります。

消えたかと思うと、また思い出しをくり返してしまう——。これが「しつこい怒り」です。

ここでは「しつこい怒り」に対する対症療法です。

このタイプの怒りは、長引くだけでなく、思い出すたびに怒りが増大するという傾向もあります。

「あの人にはあんなこともされたし、こんなことも言われた」など、過去のさまざまな怒りまで復活してきて、どんどん怒りの感情が強くなっていくのです。

こうなると、最初はたとえ軽い怒りだったにしても、しだいに憎悪とか怨恨《えんこん》といったレベルの強烈な怒りになっていきます。

「しつこい怒り」がもつマイナスは、それだけではありません。

そうやって、事あるごとに過去の怒りを思い出し、ムカムカしたり、「どうしてくれよう」と報復を考えていたりでは、いま、目の前にあることに集中できなくなってしまいます。それが仕事中であれば、作業の能率は下がるばかりです。

なんとかこの悪循環は断ち切らなければいけません。

イライラしたら、ゴルフのベストショットを思い出す

そんなとき、私はどうするか。

私の場合は、これまでの人生で最高のゴルフのショットを思い出し、それを思い浮かべる、ということをよくやっています。

「しつこい怒り」の場合は、**イライラの原因となった出来事や相手をなるべく思い出さないことがポイント**です。

だから、そんなときにおすすめしたいのが、**自分にとって「最高に気持ちいい場面」を思い出す、という方法**です。たとえば……、

・大好きな担々麺のできたてのにおいを思い浮かべる
・新婚旅行で行ったキレイなハワイの海の風景を思い出す
・旅行が好きな人ならば、飛行機や列車が動き出したときの、あのワクワク感を解放感をイメージする

といった具合です。

ちなみに、私の知り合いに、「干したあとの布団のにおいが好き」という人がいます。その人の場合、干した布団にくるまって寝るときのことを思い出すと、最高に幸せな気持ちになれるそうです。

こうやって、自分がいい気持ちになれるシーンを頭に思い浮かべると、イライラを一時でも忘れられます。一時でも、とりあえずはＯＫ。

「しつこい怒り」は、思い出す時間を一分でも一秒でも減らすことが大事なのです。

その一分一秒の積み重ねで、気がつくとそれまでのイライラモードが、ふとゆるんでくるはずです。

「気持ちがいい！」と思う瞬間を手帳に記録する

なかには、「最高に気持ちいい場面」が思いつかないという人がいます。

そういう人は、別に「最高」にこだわらなくてもいいでしょう。

「昨日、一番『幸せ』とか『楽しい』『うれしい』と思ったことは何ですか？」

「『うーん、ない』というのならば、この1週間ではどうですか？　この1ヵ月ではどうですか？」

……そうやって自分に問いかけていくと、必ず見つかるはずです。

そして、「これ」というのが見つかったら、それを手帳に書くなどして、どんどんストックしていきましょう。簡単に1～2行のメモ程度でOKです。

こうして記録しておいて、なんとなくイライラしているときに、その手帳を開けばいいのです。そして心にピンときたことを、行いましょう。

このとき「最高に気持ちのいい場面」は、五感にうったえかけるものを選ぶのがポイントです。

五感とは、「におい」や「手触り」「食べ物の味」など、視覚、触覚、嗅覚、聴覚、味覚の五つです。

逆に、**「ゲームでライバルに勝ったときの爽快感」「パズルができたときの達成感」など、相手がいるものや、成果を上げなければ得られないものは避けましょう。**

あくまでも「五感にうったえかける心地の良い瞬間」を探します。

こうして、イライラするたびに、気持ちのいい瞬間を思い浮かべるのです。

すると、だんだん、「しつこい怒り」がよみがえってくるのを防ぐことができます。

「歌う」「走る」「そうじする」がおすすめ

「しつこい怒り」を考えないために、「気持ちのいい瞬間を思い浮かべる」だけでは、すぐ、また考えてしまうという人。

そんな人はどうすればいいでしょうか。

それは「気分転換のメニュー」をたくさん用意することです。

私の場合は、自分の気持ちが盛り上がる映画をiPadに入れています。これだったらつねに携帯しているので、「元気がほしい」と思ったときにはいつでも見られます。

私の知人は、イライラして、ついよけいなことを考えてしまうときには、気分転換に一人でカラオケに行くそうです。そして、30分とか1時間とか、好きな歌をひたすら歌う。するど、気持ちがとてもさっぱりするのだそうです。

また、最近はジョギングがブームですが、イライラしたときには、数キロ走る、という人もいました。走っているうちに、あれやこれやと腹が立ったことも忘れてしまうといいます。

私のおすすめは、「そうじ」です。

数年前から「断捨離」がブームになっていますが、不用なものを整理するのは、かなりの気分転換になります。

また、「磨く」とか「拭く」という行為も、気分転換にはうってつけです。

また、そうじは、オフィスにいても家にいても、どこにいても実行しやすいのもポイントです。

自分なりの気分転換のメニューを豊富に用意する

気分転換のメニューは、短時間で気分を変えられるものもあったほうがいいでしょう。

お気に入りのお香をたくとか、ムニュムニュとした感触で心地のよいゴムボールを握るとか、ぱっと見たり、触ったり、聞いたり、嗅いだりすることで、元気になれるアイテムをそろえておくのです。

あるいは、深呼吸をしたり、伸びをしたりと、5分くらいでできるような簡単な体操メニューを用意してもいいですよね。

あなた自身が、スカッとする、リラックスできる、気分がよくなる、元気になれる……などなど、日ごろ溜まったストレスを一気に発散できることを、たくさん用意するのが大事です。

そして、使える時間やそのときの状況に応じて選べるよう、ふだんから気分転換のメニューを豊富に用意しておくといいでしょう。

ただ、気分転換のメニューは、なんでもいいわけではありません。

避けてほしいものもあるのです。

それは、「中毒症状になってしまいがちなもの」。

たとえば、お酒がそうですし、インターネットやゲームなどもそうです。

これらに共通しているのが、ダラダラと続けてしまうこと。

それでは気分転換になりません。ダラダラ続けているうち、逆に疲れやストレスが溜まってしまいます。

「しつこい怒り」は、なるべく思い出し怒りを減らすのがポイントです。

そのためには、怒りの思考回路にスイッチが入りそうになったら、必ず気分転換でシャットアウトするようにしてください。
それをくり返すうちに、やがて薄らいでいくものです。

このようにして、自分のなかで怒りを感じるたびに、本章で紹介した対症療法を状況に応じて試してみてください。

失敗しても、イマイチうまくいかなくても、あきらめずにやりつづけてください。最初からうまくできる人はいないものです。

「怒りのマネジメントがうまくいかない自分にイライラする」なんていうギャグのような本末転倒なことも、決してめずらしくありません。

大切なことは、あきらめずにやり続け、なるべく自分に合う対症療法を見つけることです。

第5章

「怒らない体質」の自分に変わる

記録することで、自分の怒りを知る

「自分の怒り」なのに、自分でわかっていない

本章は、怒りっぽいという体質を変える「体質改善」の章です。

アンガーマネジメントでは、怒りの感情を減らしていくための数多くの手法があるのですが、ここでは、私が最も効果的だと思う手法を紹介しましょう。

それは、「怒りを記録する」ということです。

私たちは、日々、イライラし、怒っているというのに、実はその怒りをきちんと把握していません。

「会社のエライ人たちは、現場のオレたちのことがわかってない！」と怒っているとき、

「どうしたんだ？」と同僚に聞かれても、うまく話せないことはありませんか。怒って議論しているうちに、どんどん話の内容がズレてしまい、「結局、何の話だったんだか……」となることはありませんか。

私たちは、自分の「怒り」という感情について、意外に知らないのです。

しかし、知らないものを管理する、適切に配分することはできません。

部下をちゃんとマネジメントするには、まず、部下をよく知らなければできません。組織を適切にマネジメントするには、まず、組織をよく知らなければいけません。同様に、怒りをマネジメントするには、まず、自分の怒りについて知らなければいけないのです。

ドラッカーに学ぶセルフマネジメントの極意

かの有名なP・F・ドラッカーは、「時間をマネジメントすること」について、著書『プロフェッショナルの条件』（ダイヤモンド社）で、次のように書き記しています。

・時間を管理するには、まず自らの時間をどのように使っているかを知らなければならない
・時間をどのように使っているかを知り、続いて時間の管理に取り組むには、まず時間を記録する必要がある

怒りのマネジメントにも同様のことがいえるのです。

・怒りを管理するには、まず自らがどのようなことに怒っているかを知らなければならない
・どのようなことに怒りを感じるかを知り、続いて怒りの感情の管理に取り組むには、まず、怒りを記録する必要がある

だから、「怒りに振り回される自分を変えたい」なら、まず、自分はどんなことで怒るかを観察し、それを記録していくのです。

まずは、「怒りを記録する」。そこから始めましょう。

「アンガーログ」の基本的なとり方

「怒りを記録する」ことを、アンガーマネジメントでは、「アンガーログ」といいます。

怒りの記録は、怒りを感じるたびにとってください。

できるだけ、怒りを感じた直後に書くのがいいと思います。怒りがホカホカなうちに記録するのです。

いつでもすぐに書き込めるように、アンガーログ用に小さなメモ帳なりノートなりを準備しておくといいと思います。

では、実際に何を記録していけばいいのでしょうか。

それは次の8つの項目です（ただし、慣れないうちはすべてを記入する必要はありません。そのときに記入できるものだけ記入していきましょう）。

①日時

カチンときたり、ムカッとしたりしたときの「日にち」と「時間」を書きます。

正確に書くならば、たとえば「2011年9月6日、午前11時ごろ」となりますが、そんなにきちんと書くことにこだわらなくてOK。「今朝」とか「先ほど」などアバウトな書き方でもいっこうに問題なしです。

②場所

怒りを感じた場所を書きます。

たとえば、「通勤電車の中」とか、「コンビニのレジの前」「職場の自分の机」「自宅の居間」……といった具合です。

③出来事

あなたが怒りを感じた出来事を書きます。「相手は誰なのか」「どんな会話だったのか」「何を見たのか」「どんな振る舞いをされたのか」など、あなたが遭遇した出来事を具体的に書いていきます。

たとえば、「○○さんがその仕事を引き受けてくれなそうだったので、『だったらいいです』と答えたら、逆ギレされて、『そういう言い方はないでしょう!』と、電話を切られた」といった感じに書いていきます。

このとき注意してほしいのが、深く考えないこと。たんたんと感情を交えずに記録します。

④思ったこと

怒りを感じたとき、あなたはどのように思いましたか?

それを素直に思いつくまま書いていきます。

たとえば、「あんなつっけんどんな言い方をしなくてもいいのに」「ものすごくバカにされたような気がした」「『自分のことは棚に上げて、この人は何を言ってんだ』とイライラした」「ああした無神経な物言いがムカつくんだ!」などなど。

遠慮することはありません。ここを正直に本音のまま書いておくことで、のちのち、自分の考え方や価値観のゆがみを探していくときに大いに役立ちます。

⑤言動

怒りを感じた際、あなたがとった具体的な行動を書いていきます。

何かを言いましたか？

どんなことをしましたか？

たとえば、「頭にきて、『失礼なのはどっちですか？』と強く言い返した」とか、「ふざけるな！　と思って、にらみつけた」などと書いていきます。

逆に、何も言わなかったり、しなかったのであればそう書きます。

⑥してほしかったこと

そのとき、あなたは相手にどうしてほしかったのか、出来事に対してどうなってほしかったのかを書きます。

このとき、その内容が、正しいか間違っているかなんてことは考える必要はありません。「よけいなことは言わずに、自分が頼んだとおりに仕事を進めてほしかった」など、本音で自分の願望や希望を書いていきましょう。

⑦結果

⑤の「言動」をした結果、どのようなことが起きたのかを書きます。

相手はどのような反応をしましたか?
出来事はどのように展開していきましたか?
具体的に書いていきましょう。
このときも、感情を交えずに事実だけを書いていくことが重要です。

⑧怒りの強さ

そのときの怒りの強さを書きます。つまり、第4章で行った「怒りのレベル分け」(102ページ)です。

以上が、怒りを記録する際に書き込む項目です。

「事実をたんたんと書く」ことに徹する

記録する際は、基本的に自分の好きなように書いていっていいのですが、一つだけ注意点があります。

それは、記録している最中に、怒りを感じた際の自分の言動や行動、思考などについて、あまり深く考えないことです。

記録しながら、いろいろ考えすぎてしまうと、書きながら「思い出し怒り」が生じてしまいがちです。その結果、さらに怒りを強めることになりかねません。

だから、あくまでも「記録」にのみ重点をおいてください。

出来事を事実のままたんたんと書くのです。そこに主観や思いは必要ありません。

書く内容に、主観が入りすぎると、「記録」の性質が薄れます。後日、自己分析に使うものですから、なるべく「事実をたんたんと書く」ようにしてください。

アンガーログの用紙

1 日時

2 場所

3 出来事

4 思ったこと

5 言動

6 してほしかったこと

7 結果

8 怒りの強さ

「ムダな怒り」がみるみる消える

記録するだけで、意外な自分が見えてくる

「怒りを記録する」ことにより、あなたは数多くのことに気づくでしょう。

あとから記録を振り返れば、

「こんな小さなことで怒っていたのか」

「あのときは上司の発言が理不尽だと思ったけれど、いま考えれば上司の言うことももっともだな」

「あれ、なんだか似たようなことでくり返し怒ってるな」

「たしかにこんな乱暴な言い方したら、私の意見は伝わらないな」

といったようなことを知るのです。

この「記録する」→「分析する」ことが大事です。

記録を見ながら分析し、ムダな怒りをなくしていく必要があるのです。

「ムダな怒り」は簡単に減らせる

怒りをマネジメントする際、「ムダな怒り」を減らすことが大事だといいました。

「ムダな怒り」を減らすにはどうしたらいいのでしょうか。

それには、まず、怒りを記録した「アンガーログ」の「④思ったこと」に注目する必要があります。

この「④思ったこと」というのは、実は、あなたの「コアビリーフ」になります。あなた独自の「心のメガネ」にあたるのです。

第3章でもお伝えしましたが、「心のメガネ」には、基本的に、「正しい」も「間違っている」もなく、「いい」も「悪い」もありません。

どのような心のメガネでモノを見ようとも、その人の自由です。

ただし、その心のメガネをかけていると、あなた自身も、そして、まわりの人も苦しめてしまうような場合は変えていったほうがいいでしょう。

心のメガネがゆがんでしまっていると、つねに同じような怒りに襲われ、それに振り回されてしまうからです。

それでは、イライラした毎日は続くばかりです。

それこそ、「ムダな怒り」です。

だったら、その「心のメガネ」を掛け替えてしまえばいいのです。

心のメガネを変える3つのステップ

では、心のメガネを掛け替えるにはどうしたらいいでしょう。

まず、前項でやってもらったアンガーログ用紙の「④思ったこと」を見直して、「私のこの心のメガネはゆがんでるな」「この心のメガネで現実を見ているかぎりは、成功できないな」と思うものを取り出してみてください。

あるいは、「⑤言動」を見て、「これをやったらいけないな」と感じたアンガーログを取り出してください。

次に、左の3ステップに沿って紙に書き出し、考えていきます。

ステップ1「はじめに思ったこと」を書く

怒りを感じる出来事が起こったときに、あなたが真っ先に感じた感情を素直に書きます。これは、見直しているアンガーログ用紙の「④思ったこと」でもあります。

それを再度、書きこみましょう。

例：「わかります？」と確認されてイライラした。「それくらいわかってるよ。バカにしやがって」と思った。

ステップ2「心のメガネのゆがみ」を考える

次に、その「①心のメガネ」にどんなゆがみがあるのかを考えます。

その際に大切にしてほしいのが、「長期的な視点から見たときに、自分やまわりの人にとっても、健康的でプラスになるためにできることは何だろうか、という視点に立つ」ということです。

そこから、いまの自分の心のメガネが、自分や周囲の人にとって、プラスなものになっているのか、マイナスなものなのかどうか、ということを判断していってください。

例：「わかります?」は、あくまでも現状確認の言葉。単なるあいづち。バカにした言葉ではない。それなのに、いちいち腹が立つと自分も疲れるし、相手も「単なるあいづち」くらいの言葉にイライラされたら困る。たとえ万が一「バカにしている」気持ちが多少あるとしても、それにいちいち腹を立てていては、時間のムダ。相手の思うツボ。

ステップ3　「心のメガネのゆがみ」を正す

心のメガネ（コアビリーフ）のゆがみに気づいたら、今度は、それをどう変えていけばいいのかを考える番です。

今回遭遇した出来事を、自分にとってもまわりにとっても、より「プラスの方向に展開させていく」には、どうすればいいのでしょうか。

また、そのために、あなたは心のメガネをどう変えていけばいいのでしょうか。

さらに、その新しい心のメガネのもとで、あなたはどのような行動をとればいいと思いますか。

そうしたことを書き出していきます。


例：「わかります？」は単なるあいづち。

「わかります？」と言われたら、わかっていても再度確認する。

「わかります？」と言われたら、「わかります」と返す。


この3ステップを考えていくことによって、心のメガネのゆがみを正していくのです。

そして、ステップ3で出した答えを、明日から、すぐ行動に移すのです。

すると、はじめはうまくいかないこともありますが、しだいに「わかります？」という相手の言葉にイライラしなくなります。

それは、あなたにとっての「わかります？」の意味づけが変わったからです。

「『わかります？』は単なるあいづち」という心のメガネをもったから、相手のそういう

「心のメガネ」のゆがみを正す3ステップの例

ケース1

ステップ1

全然、自分の意見を言わないAさんに腹が立つ。意見を言わないくらいなら、打ち合わせに参加するなと思う。そのくせ、あとから仕事をする際に文句をいう。

ステップ2

Aさんが意見を言わなくても、私は直接困らない。私がいくらイライラしたとしても、Aさんの意見が出るわけではない。

ステップ3

「会議に出ること=仕事内容の確認」と思う人もいる。「会議に出ること=意見を言うこと」ではない。「意見を言わない」のは怠慢ではない。

ケース2

ステップ1

疑問形でメールを送ったのに、B君はいつも返事が遅い。B君待ちの案件なのに、信じられない。

ステップ2

メールを送ったらすぐ返す、というのはルールではない。疑問形のメールと気づかない人もいる。もし、返事がすぐにほしいのであれば、電話をすればよい。

ステップ3

疑問形のメールに追加して、タイトルを工夫する。B君には、電話をかける。

姿を見てもなんとも思わなくなるのです。

ほんのちょっと見方を変えるだけでいい

この3ステップに取り組む際は、自分と深く向き合う作業となるわけですから、ある程度、静かな環境を整えておくことが大切です。できれば、週末など、落ち着いてゆっくりと時間がとれるときにしましょう。

また、心のメガネのゆがみを正すのですから、できるだけ客観的な視点が必要になってきます。そのため、やはり、一人でできることには限界があります。

なので、自分なりにこの3ステップをやり終えたら、今度は、そこで見つけた自分の心のメガネのゆがみについて、信頼できるまわりの人に話してみるといいと思います。

そして、それについてどう思うかを尋ねてみましょう。

そのようにして、第三者からの意見に耳を傾けることで、独りよがりな思考に陥ってしまうのを避けることができます。

それと、もうひとつ、この3ステップに取り組むにあたって、しっかり心にとどめてほしいことがあります。

それは、心のメガネ（コアビリーフ）を変えるといっても、自分の信じていることのすべてに自信をなくさないでほしい、ということです。

自分の心のメガネのゆがみに気がつく過程で、自分が当たり前と思っていたことが、世間ではそうでなかったという事実に愕然《がくぜん》とすることもあるかもしれません。

でも、だからといって、自分に対する自信までも失うことはないのです。

心のメガネのゆがみとは、ただ単純に、自分の心のメガネの一部に、自分にもまわりにもプラスにならないものがあった、というだけのことなのです。

プラスにならないのならば、その部分だけを変えたほうがいい。本当にただそれだけのことなのです。

そして、ゆがみに気がついたときに、「ならば変えよう」と思える柔軟性をもつと、人生はいまよりもっともっと平穏で実りあるものになるはずです。

「行動」を変えれば「心のメガネ」も変わる

「運動」が「運動ギライ」を変える

前項の「心のメガネのゆがみを正す方法」は、いわば怒りを生み出す考え方・価値観を変えることで、怒りの感情を減らす方法です。

怒りは、考え方しだいで変わるのです。

ですが、なかなか考え方が変わらないこともあります。

こんなとき、もうひとつ、別のアプローチがあります。

それは、「行動を変える」ということです。

運動ギライな人に、「運動は体にいい」とか「体を動かすとすっきりする」といっても、なかなか「運動はいい」という考え方に変わらないときがあります。

ですが、「ゴルフをやってみる」「ジョギングを始めてみる」「合気道をやってみる」と、いくつか試してみるうち、「合気道」が気持ちよく感じたとします。

その瞬間に、「運動ギライ」という考え方が変わります。

つまり、「行動」が「考え方」を変えることもあるのです。

「怒り」を生み出す考え方・価値観が、3ステップでもなかなか変わらないときにやってほしい方法です。

怒りやすい「時間」「場所」「出来事」を避ける

では、どうやって行動を変えればいいでしょうか。

怒りの記録をつけはじめて1週間くらいもたつと、気づくことがあります。

それは、**「自分が怒るのにはパターンがある」**ということ。

アンガーログ用紙の「①日時」「②場所」「③出来事」を見直してください。

たとえば、怒りを感じるのは、つねに同じ部下だったり、上司だったり。場所にしても、人混みや音が騒がしい場所など、自分が怒りを感じやすい場所があることに気がつきませんか。

あるいは、時間についても、「怒りが生じやすい時間帯」がある人がいます。たとえば、午前中にイライラしたり、周囲に不機嫌な対応をすることが多い。夜、疲れてくると、カチンときて言い返してしまいやすいとか……。

こんな具合に、人それぞれ、怒りやすいパターンというものがあるのです。

だったら、そのパターンをくずす行動をとるのです。

その際、必ずチェックしてもらいたいのが、あなたが行動を変えた場合の、あなた自身の変化と、まわりの反応です。

それがプラスに変化しているのであれば、あなたが新たに行った「行動」は成功です。

あなた自身、これまでのイライラする展開とは打って変わって、気持ちがラクになっている。さらに、まわりから、思ってもみなかった「いい反応」が返ってくるようになった。

それが実感できれば、うれしくて、考え方も変えやすくなります。

一方、まわりの反応にまったく変化がなかった、あるいは、あまり好ましい変化を感じなかった。さらに、自分自身もとくに変化がなかった。そういう場合もあるでしょう。

そのときは、また別の新たな行動を検討し、実践します。

この手法を、アンガーマネジメントでは、「ブレイクパターン」と呼んでいます。

ブレイクパターンは、自分もまわりも快適な状態になるまで、ひとつひとつ手を替え品を替え、続けていくのが鉄則です。


いつもと違う行動をとるのは、たった一つだけ

ブレイクパターンを行う際は、まず、「これが私の怒りのパターン」というものが見つかったら、それを書き出していきます。

・夕方、お腹がすくとイライラが増す
・△△さんに詰問的な口調をされると、ムッときやすい
・人から待たされると、不機嫌になる

というようにです。

さて、ここから実践です。

「この人との会話」「この場所にいるとき」「この時間帯」……など、あなたにとっての怒りのパターンに身を置く機会は、日々の生活のなかで何度もあるはずです。

そのとき、たったひとつ、「いつもと違う行動」をとるようにします。それは、「こうすれば、私は怒りを感じないのでは」とあなた自身が思う行動です。

たとえば、前述の例でいえば、

・「夕方、お腹がすくとイライラが増す」のならば、休憩時間を設けて、おやつなどを食べる。

・「△△さんに詰問的な口調をされると、ムッときやすい」のがわかったならば、その口調が出たときには、第4章で紹介した「頭を真っ白にする（116ページ）」を実行し、聞き流す。

・「人から待たされると、不機嫌になる」のならば、不機嫌にならないよう、本やスマートフォンなど、時間をつぶせるものを持っていく。

このようにして、何か「ひとつ」、いつもと違う行動をするのです。

このとき、いつもと違う行動は「ひとつ」でOKです。**いくつも変えようとすると、ハードルが高くなってしまって、やる気が萎《な》えてしまいかねません。**

また、**複数を実行してしまうと、何を変えたらうまくいくのかが不明確になる**、というデメリットもあります。

このブレイクパターンは、アンガーログ用紙を分析し、同じような人や時間、状況で怒っているなと気づいたらやってほしい方法です。

また、アンガーログの「④思ったこと」を見て、自分にとって不適切な心のメガネだから変えようと思っても変わらないときにおすすめの方法です。

自分にとっての「地雷」に気づく

あなたが怒るきっかけとなるもの

前項のブレイクパターンでは、私たちの怒る状況には、パターンがあるといいました。そのパターンは、「人」や「時間帯」「場所」だけでなく、**「怒りを生み出す考え方」にもパターンがある**のです。

第3章で、怒りの引き金になるきっかけと説明した「トリガー」（93ページ）が、まさにそれです。

アンガーログ用紙を見直してみてください。

「④思ったこと」の項目、つまりあなたの「感情」を見ていくと、自分が怒りを感じるのには、ある特定の「きっかけ」があるものです。

それがあなたにとっての「トリガー」です。

たとえば、ある女性が、怒りを感じるときの感情をチェックした結果、

「私も手伝ったことに気づいてもらえず、悔しかった」

「それを私がするのが当たり前のようにあつかわれて、ムカッときた」

「せっかく気合を入れて選んだプレゼントなのに、『ふうん』という顔をされて、悲しかった」


という具合に、人から感謝されなかったり、喜ばれないことへの不満が怒りにつながっていることがわかったとします。

その場合、この女性のトリガーは、「感謝されない」「喜ばれない」となるでしょう。

このように、**怒ったときに感じた感情の共通点を探っていく。すると、トリガーというものがだんだんと見えてくるはず**です。

怒りを感じたときの「感情」に注目する

このトリガーを見つけ出すには、これまで書いたアンガーログをざっと見直し、項目のうち、「④思ったこと」「⑥してほしかったこと」に注目して、次の項目を紙に書き出してみてください。

「あなたはその出来事に対してどう思ったのか？」
「そのときの感情に名前をつけるとしたら？」
「結果として、あなたはその出来事をどうとらえたのか？」

書き出す際は、あなたの「感情」や「思い」「気持ち」といった、目に見えないものにフォーカスしていきます。

アンガーログを記入する際は、「上司に嫌みを言われた」「取引先の人の言葉に傷ついた」など、「事実をたんたんと記録する」ことを重視しました。

今度は、逆に、**その記録を見ながら、「感情」に注目する**のです。

「上司に嫌みを言われた」よりも「あんたに何がわかる!?　と、悔しかった」という感情を見る。

「取引先の人の言葉に傷ついた」から「一生懸命やったのに、全然わかってなかったと思ったらカチンときた」という気持ちに目を向ける。

そこから、自分が怒ってしまう要因は何かを探っていきます。

そして、その感情のジャンルごとに、アンガーログ用紙を分類してみてください。

分類してみると、自分が怒る気持ちには、はっきりと傾向が表れてきます。

自分の地雷に気づけば、自分がラクになる

「バカにされた」「本当の実力をわかってもらえず悔しかった」と思うアンガーログ用紙が多かった私の知人は、「できない人あつかいをされる」というのが怒りのトリガーです。

「女だからってなめないで」「なんでもかんでも女性に負担させないで」「男ばかりが出世してひどい」などのアンガーログの多かったクライアントの女性の場合、「女性差別」が

怒りのトリガーです。

こうして、自分にとっての「トリガー」が意識できるようになると、そうした言葉や出来事に対して自分自身を防衛していくことができるようになるのです。

「できない人あつかい」がトリガーの知人は、仕事などで、「大丈夫ですか？　本当に理解できていますか？」と言われたり、さも「この人では頼りにならない」というふうな態度をとられたりすると、カチンとしがちだったのだそうです。

しかし、それが自分にとってのトリガーだとわかって以来、同じような行動を相手にとられても、「私はこれをやられると、カチンとしやすいからな〜」と怒りを感じる自分をかなり客観的に見られるようになったそうです。

また、一方の「女性差別」がトリガーのクライアントの女性は、「私は、女性差別の発言や行動に弱いから」と、そういった態度をとりがちな人には距離を置くようにしたそうです。

どうしても近づかなければいけないときは、「女性差別の発言をされても怒らないようにしよう」とあらかじめ気構えることで、イライラすることが減ったそうです。

このトリガーは、第3章でもお話ししたように、自分のなかのトラウマ体験からきていることが多いものです（94ページ）。

過去にあったイヤなことを回避すべく、自分のなかに生まれた考え方でもあります。

ですので、そのトリガー思考と向き合い、知る場合は、ストレスを感じやすいものです。トリガーを探る場合は、週末など、ゆっくりと時間のとれるときに、できるだけ静かな環境で行ってください。

第5章は、アンガーマネジメントにおける「体質改善」の手法のなかで、効果が高く、実行しやすいものをあげました。

とはいえ、「体質改善」は、そう簡単にはうまくいきません。

だから、気長にゆっくり取り組んでください。

そうすれば、いつのまにか「あれ？　最近、怒ってないな」と気づく日がくることでしょう。

第6章

「怒らない人」が習慣にしている会話のルール

言葉にしなければとりあえず大ごとになりづらい

ふだんから「言ってはいけない言葉」を使わない

怒りにまかせた暴言や、イライラして口にしてしまったよけいな一言で後悔したことはありませんか。

「つい、言ってしまった」という言葉でも、取り返しがつきません。

正直な話、心の中で怒っていても、言葉に表れなければ、そう深刻な問題には発展しないことも多いものです。

だからこそ、ふだんから暴言やよけいな一言につながりそうな言葉を使わないことも大切です。

本章では、そうした会話のルールについてお話ししましょう。

「べき」という言葉を使わない

私たちはそれぞれに自分独自の「コアビリーフ」をもっています。

それぞれ、自分の心のメガネで現実を見ています（第3章参照）。

けれども私たちがついやってしまいがちなミスがあります。それは、自分がもつコアビリーフ＝心のメガネを、「常識」とか、「当たり前」と考えて、他人に押し付けてしまうことです。

それは、会話の中で、「～べき」という言葉になって表れます。

たとえば、

＊仕事では「10分前行動」をすべきだ
＊新人は、みんな真っ先に電話をとるべきだ
＊会議ではノートをとるべきだ

というように、です。

この「〜べき」は、あくまでもその人独自の考え方・価値観にすぎません。それなのに、「常識」や「世間では当たり前」という名のもとに、自分の考え方・価値観を押し付けているとき「〜べき」という表現になるのです。

当然ながら、この「〜べき」は、まわりの考え方・価値観と異なる場合もあるのです。それなのに、「〜べき」を使えば、異なる考え方・価値観をもつ人は、意見を押し付けられたと感じることでしょう。そうなれば、ムッとしたり、カチンとくることもあるのです。

だからこそ、日々の会話のなかで「〜べき」という言葉はできるだけ避けましょう。怒っているときはなおさらです。

「あなたは○○だ」とレッテルを貼らない

怒っているときにかぎらず、私たちは日々の会話のなかで、「あなたは〜だ」と、相手を決めつけたり、レッテルを貼ったりしてしまいがちです。

たとえば、「君は大ざっぱだ」とか、「あなたは感情的にものを言う」など。

実は、こうした決めつけやレッテルも、人間関係を壊しやすい表現です。

なぜなら、多くの人にとって、決めつけやレッテルの言葉は、言われてあまりいい気分がするものではないからです。

「たしかにそういうところもあるかもしれないけど、100%そういうわけではない」と、言った相手に反発の気持ちを感じてしまいがちです。

そもそも人間は、「あの人は～だ」と一言で片づけられるほど単純な存在ではありません。それこそ、ひとりの人間の中にもいろいろな面があります。

たとえば、ある仕事に関しては「大ざっぱ」かもしれませんが、別の仕事では緻密《ちみつ》で繊細ということは、よくあることです。また、ある人が見ると、「大ざっぱ」に見えるかもしれませんが、ほかの人からはそう見えていないことだってあります。

何かひとつの出来事や特徴から、「あの人は～だ」と決めつけたり、レッテルを貼ったりはできないものです。

なのにそれを目の前で言えば、相手を不愉快にさせますし、思っているだけでも、誤解を生みやすくなります。

「○○さんは大ざっぱ」という心のメガネを通して、○○さんを見れば、粗ばかりが目立つようになります。

だから、ふだんからレッテルを貼ったり、決めつけるような表現は避けるようにしましょう。

相手のことを決めつけたり、レッテルを貼りそうになったら、そこで一呼吸です。

「本当にそうかな？」と、一度自分に問いかけてみてください。

なるべく正確な表現を心がける

妻の「あなたは、いつもそう！」は夫の怒りを生む

相手に向けて怒りを発するときというのは、「私は正しい。あなたは間違っている」という思いを強く感じています。

そこで、相手の「非」をしっかり強調するために、やたらとオーバーな表現を使ってしまいがちです。

その代表例が、「絶対」「いつも」「必ず」です。

たとえば、夫婦ゲンカなどで、「あなたはいつもそうなのよ！」と相手をなじる。

職場で、自分の失言を指摘されて、「私は絶対にそんなことは言っていません！」とケンカ腰で主張する。

しばしばドタキャンをする相手に、「あなたは必ずドタキャンする」と責める。

これらの言葉を使うのであれば、言葉どおり相手が100％毎回、そうしていなければなりません。でも、実際は、10回に3回くらいだったりする。これでは、事実を正しく言っていることにはならないものです。

正確なことを言われれば、相手も「謝ろう」という気持ちになれるでしょう。しかし、事実でないことを言われ、それで責められたら、謝ろうという気持ちにはなかなかなれません。「たしかに、10回に3回はそうしてしまっている。それについては申し訳ないと思う。でも、『いつも』は言いすぎだ」と反発を感じるのではないでしょうか。

だからこそ、物事は正確に表現していくことが大切です。

なるべく、「いつも」「絶対」「必ず」などの100％を表す言葉の使用を避けましょう。

「〜する傾向がある」とか、「〜しがちだ」などと表現できます。

「いつも」「絶対」「必ず」。これらの言葉を使いそうになったら、一度、グッとのみ込み、もっと別の言い方はないかを探る習慣を身につけましょう。

「すべて台無し！」など大げさに言わない

もうひとつ、「正確に言う」という習慣を身につけていくうえで、心がけたいことがあります。それは、大げさな表現は極力使わないことです。

怒りの感情があると、人は、物事を大げさに言ってしまいがちです。

たとえば、

「どうしてそんなこと、したんだよ！　これで、いままでの苦労がすべて台無しだよ！」
「どうしてそういう仕事は、私だけに頼むのですか！」
「いいか。これは全部、お前の責任だからな！」

怒っているとき、知らず知らずのうちに、こうした言い方をしてしまっているケースは多いものです。

特に傍線部のような大げさな表現は要注意です。

「すべて台無し」といっても、何か救いはあるものです。

「私だけに頼む」と本人は思っていても、ほかの人に頼むこともあるものです。

「全部お前の責任」なんてことを言う上司がいたら、その人こそ責任は重いものです。

相手からすれば、そうした言葉を聞かされたとたんに、「それほどのことか……」と反発を覚えることもあるでしょう。場合によっては、自分のすべてを否定されたような気持ちになることもあります。そうなれば、相手への憎しみの感情は根深いものとなってしまいます。


物事は大げさに言わない。できるだけ正確さを心がける。

そのことを、常日頃から意識するようにしましょう。

怒っているときの「なんで」は封印する

「なんで」は責めるニュアンスがある

相手に「責める」ニュアンスを感じさせてしまう表現に「なんで」というのもあります。

友人のアメリカ人がこう言っていたことがあります。

「日本人の『なんで』は、『why』じゃないね」

それを聞いて、「なるほど！」と私は大きくうなずいてしまいました。

たとえば、恋人に「なんで毎日、電話をしてくれないの？」と言う。

トラブルを報告しなかった部下に、「なんでさっさと言わなかったんだ？」と問う。

テストの結果が悪かったわが子に「なんでこんな問題も解けないの？」と聞く。

「なんで」という言葉は、原因の追究です。

「毎日電話をしてくれないのは、なぜか？」

「トラブルを報告しなかったのは、なぜか？」

「テストで悪い点をとってしまったのは、なぜか？」

原因を追究していくことは大切なことです。そうしたことを二度と起こさないためのヒントがそこにはあります。

でも、それもやりすぎれば、尋問になってしまいます。言われた相手としても、「なんでと言われても……」と答えられなくなってしまいます。

私自身、実は、妻からの「なんで？」が苦手です。

「なんで」は原因追究のようで、できなかった自分を責めているように聞こえるのです。

「どうしたら」に言い換えて、解決策を探す

「なんで」という言葉の裏には、実は「相手に要求したいこと」が隠れています。

怒っているときは、「なんで」と聞いているようで、

「毎日電話をしなさい」

「トラブルをきちんと報告しろ」

「テストでもっといい点をとりなさい」

と相手に要求したいことがあるものです。

そこで、私が「なんで」に代わっておすすめしたい言い方は、「どうしたら」です。

「どうしたら、毎日、電話で会話できるかしら？」

「どうしたら、トラブルをきちんと報告できるようになるかな？」

「どうしたら、今回よりもいいテスト結果が出せるかな？」

「どうしたら」と聞かれたら、解決策を考える方向に思考が進んでいきます。

怒りを感じたときは、「なんで」を封印して、「どうしたら」で表現する。その問いかけから、新しい一歩を踏み出していけるのです。

主語を「私」に変えて話す

あなたが怒っているのは、本当に相手のせいか

私たちは、怒っているとき、自分では無自覚なまま、こうした言い方をしがちです。

「あなたがはっきり言わないから、いつまでたっても仕事が進まないんです！」
「君たちがここで打ち合わせをしていると、迷惑なんだよ」
「〇〇さんがきちんと伝言してくれれば、お客様に怒られずにすんだのに」

これらの表現には共通することがあります。それは何でしょうか。

そうです。主語がすべて、「私」以外の「誰か」になっていることです。

ですが、主語が「あなた」や「君たち」など、他人であるかぎり、「他人」を責めているように聞こえやすいのです。

右の例でいえば、「あなたがはっきり言わない」から、「仕事が進まない」として、「あなたのせい」といっているようなものです。

けれども、もしかしたらほかに原因があって仕事が進まないのかもしれないのです。

なのに、主語を「あなた」にしてしまうと、「相手の責任」のように聞こえるのです。

これでは、言われた相手側も不愉快な思いをします。

「私は困る」と自己主張していい

では、どうしたらいいのでしょう。

それは、「私」を主語にすることです。

「私」を主語にして、「私は困っている」と伝えるのです。

そもそも私たちが怒っている場合、「あなたのせい」「○○さんのせい」で怒っているのではなく、「仕事が進まない」「仕事で成果を上げられない」「お客様に怒られる」などの出来事を「苦しい」「悲しい」と意味づけして、怒りを感じているものです。

そのうまくいかない現実を他人のせいにしたいだけなのです。

そして、「あなたが」「君たちが」「○○さんは」と主語を「他人」にして表現すると、他人のせいにするニュアンスが出てきてしまうのです。

こういうときは、「仕事が進まない」という出来事に遭遇した「自分は」どう思っているのか、どう感じているのかを語るのです。

たとえば、先ほどの例でいえば、こんな具合に「私」を主語にして言います。

「私は、はっきり言ってもらえないと、仕事が進まなくてつらいです」

「打ち合わせをここでやられると、私は仕事に集中できないので困っています。ほかでやってくれませんか？」

「伝言ミスであのお客様に叱られ、私はイヤな思いをしました。今後は、そういう思いをしたくないから、○○さんの伝言方法を変えてもらえないでしょうか？」

いかがでしょう。

主語を「私」にしたとたんに、相手やまわりの人たちを責めるニュアンスが段違いに減るように感じませんか。

そのうえ、「私」を主語にしたことで、私の困っていること、つらいことがわかります。「私は、困る」「私は、イヤな思いをする」と表現することで、では、「私が困らないためには、どうしたらいいか?」「私がイヤな思いをしないためには何ができるか?」といったことを具体的に考えやすくなります。

このように、**現状の問題を解決するためにも「『私』を主語にすること」は適切なのです。**

日ごろから、「私」を主語にする話し方を習慣にしていきましょう。

とにかく穏やかな口調を心がける

「何を言うか」より「どう言うか」が印象に残る

怒りを表に出すということは、それだけ強く、まわりに伝えたいことがあるわけです。確固とした価値観やなんとかしたいという強い思いがあるのです。

ただ、それを怒ったまま表現してしまっては、伝わりません。

それをどう表現するか、です。

人間の受け取り方は不思議なもので、言っていることは滅茶苦茶《めちゃくちゃ》でも、その語り口が冷静で堂々としていると、「この人の言っていることは正しいのかもしれない」と思えてしまうものです。

たとえば、元首相の小泉純一郎氏などは、そういうところがありました。小泉氏が打ち出した政策のなかには、「弱者いじめ」的なものも少なくありませんでした。でも、多くの人は、小泉氏を支持しました。

その要因には、小泉氏の語り口も大きかったのではないでしょうか。

小泉氏の話し方にはつねに余裕がありました。堂々としていて、言葉に妙に説得力がありました。それゆえ、多くの国民が「この人についていけば、世の中がもっとよくなるかも」と思ってしまった。

それとは逆に、口調が感情的だったり、怒鳴ったりすると、どんなにまっとうなことを言っても、まわりから支持されません。

こうした差は、結局、言葉の意味よりも、言い方のほうが印象に残るのです。**「何を言うか」よりも「どう言うか」が重要なのです。**

怒ったときほど、ゆっくり話す

そうはいっても、ムカッときて思わず口調がきつくなってしまうこともあるでしょう。

そんなときは、「とにかく、ゆっくり話す」を心がけてください。

それだけで印象はガラリと変わります。

カチンときたときやイライラしているときは、口調が早くなりがちです。

怒っているときは、自分のなかに、相手に主張したいことがあるときです。だから、それを一刻も早く相手に伝えたくて、早口になってしまうのです。

しかし、早口であればあるほど、伝わりづらいのも、また、事実。

そんなとき「ゆっくり話す」だけで、格段に伝わりやすくなります。また、「ゆっくり話そう」と頭の中で自分に言うことで、怒りをそれ以上増幅させない、「魔法の言葉」（109ページ）の効果もあります。


本章で紹介した会話の習慣を心がけながら、けっして声を荒らげないというのを戒めにしてみてください。

第7章

「怒らない環境」を整える

自分をさらけだす

怒りのマネジメントには、怒りを生み出さない環境に身を置くことも大事です。

部下に同じ質問をされたとしても、ふだんなら「どうした?」ですむことが、忙しいし、仕事も暗礁に乗り上げているというストレスフルなときに質問をされたら、「こんなときに質問しやがって!」とイライラしたりするものです。

「自分を変える」ことも大事ですが、「自分の身を置く環境を整える」ことも大事です。

本章では、怒りを生み出しにくい「怒らない環境」を整える方法を紹介しましょう。

まず、「怒らない環境」を整えるために大切なことは、「自分をさらけだす」ことです。

そもそも、対人関係において怒りの感情が生じてしまうのは、お互いのことを知らなさすぎるという一因も大きいのです。

お互いの価値観や考え方を知らないから、相手の言うこと、やることがなかなか理解できない。そのとき、自分にとって許しがたい言葉や行為に遭遇すると、「怒り」が生まれてしまうのです。

永遠の天敵、「嫁」「姑」など、まさにそうです。

相手の価値観や考え方を理解できない。だから、相手の行動や言葉にいちいち腹が立つ。

一方、相手のことがよくわかり、「この言葉には、この人のこういう気持ちがあるのだ」とか、「この人は、こういう意図があって、こういう行動に出るのだ」と理解できれば、格段に怒りは生じにくくなります。

つまり、「お互いを理解する」というのは、「怒らない環境」を整えるために重要なことなのです。

そして、**お互いを理解し合うためには、「自分をさらけだす」のが一番です。**

なぜなら、自分をさらけださないまま、相手にさらけだしてもらうことは、難しいからです。人間は不思議なもので、こちらが自己開示すれば、多かれ少なかれ、相手も自分を開示してくれるものです。

自分の好み・考え方を示す

自分をさらけだす際は、自分の「好み」や「考え方」を示すことがポイントです。

自分にとって「できること・できないこと」「受け入れられること・受け入れられないこと」「必要なこと・必要でないこと」などです。

たとえば、私の知り合いは、会社に入社早々、直属の上司から、

「俺は、タメ口だろうが、ぶっきらぼうな言い方だろうが、それは全然気にしない。でも、まわりくどい言い方だけはダメなんだ。だから、報告にしろ、相談にしろ、結論から言ってほしい」

と言われたそうです。

「自分の好みや考え方を示す」とは、こういうことです。

あらかじめ上司にそう言ってもらえれば、部下の側にも、その人に報告なり相談なりに

行く際には、「まずは結論から」と意識することができます。

ただし、この場合、注意してほしいのが、一度、自分の好みや考え方を示したら、それを徹底することです。

「タメ口はいい」と言っておきながら、虫の居所が悪いときには、部下のタメ口を注意する……となれば、まわりを不安な気持ちにさせます。

「なんて、気まぐれな人」と顰蹙《ひんしゅく》を買うだろうし、それより何より、まわりからの信用はどんどん落ちていくことでしょう。

その意味で、「自分の好みや考え方」を知るということが欠かせません。

第5章で怒りを記録し、自分の心のメガネやトリガーに気づく作業は、自分の好みや考え方を知るのに大いに役立つと思います。

質問によって、相手の「基準」を聞き出す

職場でも家庭でも「怒らない環境」を整えるには、一緒に過ごす相手を知ることが大事です。

前項で、「相手に自分の好み・考え方を示す」と述べましたが、その逆のパターンです。

今度は、こちらが相手の好みや考え方を知っていくのです。

ほうっておいても、好みや考え方を語ってくれる人であればいいのですが、なかには思ったように自己開示をしてくれない人もいます。

自己開示をしてくれないのなら、相手に質問していけばいいのです。

たとえば、上司から仕事を頼まれた際には、

「どういう形に仕上げればＯＫでしょうか。ファイルや書き方はどの方法がいいでしょうか？」

などと、質問によって上司の「基準」を聞き出すのです。

その基準と自分の基準を一致させればいいのです。

また、その基準が一致させるのが難しい場合でも、相手の基準の裏にある考え方や好みがわかれば、不必要に怒りを感じることはありません。

ですので、上司の好みや価値観なども質問しておくといいでしょう。

一緒にいる人の考えや好み、基準を把握すること、理解することが「怒らない環境」をつくるのです。

苦手な人の理解に努める

第5章で、「怒りにはパターンがある」という話をしました（158ページ）。

このなかには、「怒りを生じさせやすい人」というのも存在します。

あなたも、「この人の声を聞くと、イライラする」とか、「この人の言動に、つねにカチンとくる」という人はいませんか。

こうした「苦手な人」に対しては、なるべく近寄らない、接点をもたないというのも、「怒らない環境を整える」ためには大切なことです。

無理にコミュニケーションをとっても、怒りが生まれるだけです。

ただし、職場など「どうしても避けられない」というケースは多いものです。

その場合、相手をよく理解し、相手の言葉や行動の裏にある考え方や価値観がわかるようになれば、怒りを鎮めやすくなります。

「この人がイラ立っているのは、きっと『待たされるのが嫌い』という好みからきてるんだな」

などと、相手の考え方や価値観がわかれば、必要以上に怒らずにすみます。

怒りは、往々にして相手の意図がわからない場合に、勝手な解釈をし、その結果、生じてしまうことが多いものです。

たとえ苦手な人でも、相手がどんなことで怒り、どんなことで喜ぶかということがわかれば、「この人には、こういう言い方はしないほうがいい」とか、「この人は、こうするとスムーズにことが運ぶ」といったことが把握でき、よけいな衝突を避けることができます。

だから、苦手な人の理解に努めることは、自分の精神衛生上、大きなプラスとなるはずです。

他人の「怒りのポイント」を記録する

「怒らない環境」を整えるためには、同じ職場の人間や、身内の人間など、身近な人間の「怒りのポイント」を押さえておくのも大切です。

そのためには、まず相手の怒りを記録しましょう。**第5章でお話ししたアンガーログ（141ページ）を、他人に対してもやってみるのです。**

その人が怒ったときは、誰とどういった状況で怒ったのか。その背景には、どんなコアビリーフがあるのか。その人の心のメガネから見た風景はどうなのか。

記録するのは、「対・自分」だけでなく「対・別の誰か」まで広げていきましょう。そのほうが、相手の怒りのポイントをより速く的確に理解できます。

この「怒りのポイント」がわかったら、あとは実践です。

相手にとって「機嫌が悪くなるパターン」を避ければいいのです。

たとえば、上司に報告するという場合、「部長会議のあとは、たいがい機嫌が悪い」とわかれば、そのときは近寄らないにかぎります。触らぬ神に祟《たた》りなし、です。

このように、相手をじっくり観察し、その記録をつけていくことで、相手にイライラしたり、相手とぶつかることが少なくなるようになります。

苦手な人に対しても同様です。むしろ、苦手な人ほど徹底して避けるのではなく、接触する時間をつくり、相手の怒りを記録してみるのです。

すると、「怒りのポイント」を理解することができ、結局は怒りを生み出す機会が減るものです。

妻（夫）の怒りに点数をつける

最近、アンガーマネジメントの手法を用いて、ご夫婦の関係改善のお手伝いもいくつかさせていただいています。

これは、家庭での「怒らない環境」をつくる際に、非常に大事な方法です。

夫婦のアンガーマネジメントで、私がとりわけ重視しているのが、お互いの価値観をすり合わせていく作業です。

夫婦はそもそも他人です。どんなに仲がよくても、生まれ育った環境が違えば、性格も好みも違う。価値観のズレはけっこう存在しているのです。

「夫は肉が大好きだけど、妻は魚が好き」「夫は部屋が整然としているのが好きだけど、妻はゴチャゴチャしていても気にしない」……などなど。

結婚すれば、毎日のように、そうしたお互いの違いを発見することになります。そして、それが受け入れられれば、事なきを得ますが、そうでなければケンカになる。

そこで、夫婦でお互いの価値観のすり合わせを行っていくわけです。

では、具体的な方法です。

まず、それぞれに、これまでの生活で、相手のどんなところに腹が立ったのかを紙に書いてもらいます。

たとえば、

「夫が食べた食器を片づけてくれないので腹が立つ」

「夫に『君にはこういうところがある』と決めつけられるたびに、カチンとくる」

「妻がお金に細かすぎて息苦しい」

こんな具合に、思い出すままに挙げてもらいます。

そろそろ出つくしたなと思ったら、そこでストップ。

今度は、それぞれの項目について、10段階で怒りのレベルを点数化してもらいます。第4章でやった「怒りをレベル分けする」（102ページ）ですね。これを「相手の怒り」に対してもするのです。

すべて点数をつけ終えたら、次は「当てっこ」です。

こうすると、お互いの価値観がどれだけズレているのかがよくわかります。

たとえば、妻が挙げた項目に、「夫が下着を脱ぎ散らかしたままにしているのを見ると、ムカムカしてくる」の項目があったとします。

そこで、夫に、妻がこの項目にどれくらいの点数をつけたのか当ててもらうのです。すると、夫の答えは、「まあ、レベル3くらいかな」との答え。

ところがフタを開けてみると、なんと妻はレベル7をつけていた。

夫にとってはどうでもいいことが、妻にとっては実はかなり重要なことだったわけです。

こうした当てっこをやっていくことで、相手の「怒り」についての理解が深まっていくのです。

すると、不思議なことに、だんだんとお互いの価値観のすり合わせができて、衝突することが減っていきます。

たまには、価値観や考え方の違う人と接する

「怒らない環境」を整えることはとても大切です。

ですが、あまりにそれが整いすぎると、「怒り」に対する免疫が弱くなってしまいます。先進国に、アトピーやぜんそくなどのアレルギー症状が多いのと同じです。

時には、価値観や考え方の違う人の集まりに身を置きましょう。

時間に正確でまじめな日本人が、イタリアやスペインなどのおおらかなラテンの国に旅行すると、あまりの違いに驚くそうです。電車が時間どおりに来ない、お風呂のお湯が出ないことを訴えても、ちゃんと対応してくれない。

そんなところに身を置いてみると、イライラすることもあるでしょうが、「人はさまざまだな」と勉強になることでしょう。

そうした気づきが、「怒らない体質」に自分を変えていくのです。

とはいえ、海外旅行まで行かなくても、のどかな田舎町に行くのでもいいでしょうし、道が分かれてしまった学生時代の友達に会うのでもOKです。

あなたが会社勤めのビジネスパーソンなら、自営業で仕事をしている友人に会うのでもいいでしょう。

人それぞれ、まったく違う価値観や考え方に触れることが重要です。

あるいは、「人」でなくても、「通勤路を変えてみる」ということでもいいでしょう。

慣れきった通勤路を変えることで、あらたな気づきが生まれます。

いつもと違う人に会う、いつもと違うことをする、そういった行動をすることで、あなたのなかの多様性が鍛えられます。

それが「怒り」を生みづらいあなたに変え、「怒らない環境」を整えることになるのです。

おわりに

ニューヨークで働きながらアンガーマネジメントを習得していたころのことです。

知人に、とても仕事のできる、忙しい人がいました。

彼は、多くの人とかかわっており、なおかつ一分一秒を争う世界で働いているので、ストレス環境が高いと私からは見えるのに、「怒らない人」でした。

まわりの人も、そんな彼を「怒っているところを見たことがない。すごいよ」と言っています。

ある日、私は彼に好奇心からたずねたのです。

「どうして、そんなに怒らないでいられるのですか?」と。

笑顔で返ってきた一言が秀逸でした。

「エネルギーの出しどころに困ってない」

この答えを聞いた瞬間「たしかに！」と大きくうなずいてしまいました。怒りを感じたとしても、誰かを怒る時間がもったいないし、怒りにさくパワーがあったら、仕事で価値を生み出すことに使いたい。

彼のいわんとすることは、こういうことだったのでしょう。

この答えを聞いて以来、私も「怒りにエネルギーをさくのはやめよう」と思えるようになりました。

そう、私たちは、つまらないことで怒っている時間もエネルギーももったいないんです。

これに気づいた瞬間から人生は好転します。

仕事をしていたら、だれだってイライラすることも、カチンとくることも多かれ少なかれあるでしょう。ある意味、仕事とは、価値観の衝突の連続です。

しかし、怒りの感情にふりまわされてはもったいない。

怒りをマネジメントして、よりよい仕事、人生を手に入れましょう。

本書に紹介した怒りのマネジメント術が、あなたにとって幸運をもたらすことを祈っています。

なお、一般社団法人日本アンガーマネジメント協会では、あなたの怒りのマネジメント達人度をウェブ上で簡単にチェックできる「怒りマネジメント検定」を無料で行っています。興味をもたれた方は、左記のウェブサイトにアクセスして、あなたの怒りマネジメント達人度をチェックしてみてください。

あなたの怒りマネジメント達人度をチェック「怒りマネジメント検定」【無料】→
http://www.angermanagement.co.jp/check.html

平成二十三年八月

安藤　俊介

安藤俊介 あんどう・しゅんすけ
一般社団法人日本アンガーマネジメント協会代表理事。

1971年群馬県生まれ。東海大学卒業後、外資系企業、民間シンクタンクなどを経て、渡米。ニューヨークにてアンガーマネジメントの手法を習得。

現在、テレビや雑誌、講演等で「怒り」に関するアドバイスを行う。

著書に『イライラしがちなあなたを変える本』(中経出版)など。

朝日新書
313
「怒《いか》り」のマネジメント術《じゅつ》
できる人ほどイライラしない

2011年9月30日第1刷発行
2013年6月10日第2刷発行

著者 安藤俊介

発行者 市川裕一
カバーデザイン アンスガー・フォルマー 田嶋佳子
印刷所 凸版印刷株式会社
発行所 朝日新聞出版
〒104-8011 東京都中央区築地5-3-2
電話 03-5540-7772(編集)
03-5540-7793(販売)

Published in Japan by Asahi Shimbun Publications Inc.
ISBN 978-4-02-273413-6
定価はカバーに表示してあります。

落丁・乱丁の場合は弊社業務部(電話03-5540-7800)へご連絡ください。

送料弊社負担にてお取り替えいたします。